LETTRES DE JULES BONNET

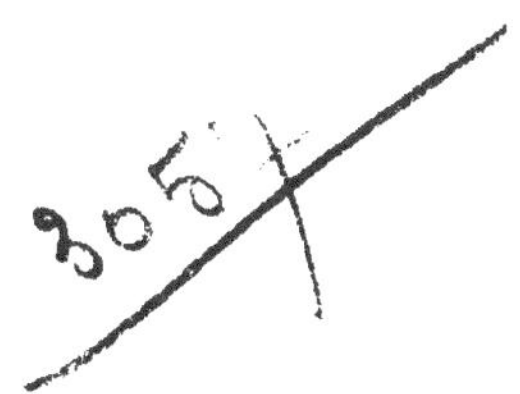

PUBLICATIONS DE JULES BONNET

Librairie Grassart, 2, rue de la Paix, Paris.

———

LETTRES

DE

JULES BONNET

1851-1863

PRÉFACE

PAR

M. Eugène de Budé

GENÈVE	PARIS
CH. EGGIMANN & Cie	LIBRAIRIE FISCHBACHER
Rue Centrale, 1	Rue de Seine, 33

1898

GENÈVE. — IMPRIMERIE SUISSE

PRÉFACE

—

L'auteur des lettres que nous présentons au public est, sans contredit, l'un des plus brillants écrivains qui aient fait revivre les grands jours de la Réforme. Il est trop connu pour que nous ayons à rappeler longuement sa belle carrière. Né à Nimes le 30 juin 1820, Jules Bonnet y fit ses premières études qu'il alla poursuivre à Paris; il fut l'un des meilleurs élèves du lycée Henri IV, où il obtint le prix d'honneur de rhétorique. Entré à l'Ecole Normale en 1839, il en sortit en 1842 pour devenir professeur d'histoire au collège de Mâcon. Docteur ès lettres en 1850, il se voua dès lors presque exclusivement à des travaux concernant les origines du protestantisme.

Il publia d'abord, comme thèse de doctorat, *Olympia Morata,* épisode de la Renaissance en Italie : c'est le portrait captivant d'une jeune savante, obligée, pour cause de religion, de fuir la cour de Ferrare, malgré la protection de Renée de France, et de se réfugier en Allemagne. Il fit paraître ensuite l'excellent recueil des *Lettres françaises de Calvin* (1854); — puis *Aonio Paleario* (1863), histoire saisissante de cet humaniste romain qui fut pendu et brûlé en 1566 comme suspect d'hérésie; — les *Récits du seizième siècle* (1864 à 1885), suite d'études sur les principaux personnages de la Réforme; — un mémoire sur *Calvin au Val d'Aoste,* lu à l'Académie des sciences morales et politiques de Paris en 1861, et qui fut reproduit plus tard dans les *Récits du seizième siècle;* — *La Réforme au château de Saint-Privat* (1873); — une *Notice sur la vie et les écrits de Merle d'Aubigné* (1874); — *M. Simon Grosjean-Bérard* (1874); — *Quelques souvenirs sur Augustin Thierry* (1877); — *Mémoires de la vie de J. de Parthenay-Larchevèque* (1879); — *La maison de Roland. Souvenir des Cévennes* (1880); — *Histoire des souffrances du bienheureux martyr Louis de*

Marolles (1882); — *Souvenirs de l'église ré-
formée de la Calmette* (1884).

Entre autres distinctions flatteuses que lui
valurent ses travaux, disons qu'il eut l'honneur de recevoir de l'Académie le prix Bordin.

. En 1863, ému des souffrances de Matamoros
et de ses amis impliqués dans le célèbre procès
de Grenade, il accepta de la Société évangélique française le mandat d'aller porter au delà
des Pyrénées une pétition en faveur de la
liberté religieuse ; et sous ce titre : « *Une
mission en Espagne* ». il inséra, deux ans
plus tard, une relation de son voyage dans la
Revue Chrétienne.

Devenu en 1865 secrétaire de la *Société de
l'histoire du Protestantisme français,* il
s'occupa activement du *Bulletin* et sut impri-
mer un caractère plus littéraire à cette publication, qui n'était guère jusqu'alors qu'un
recueil de documents historiques.

Passionné défenseur des traditions et des
souvenirs calvinistes, il fut à la tête du mouvement qui fit établir en France la fête an-
nuelle de la Réformation ; il réussit de même à
sauver. par une souscription, la maison de
Roland, le héros camisard ; il provoqua la

réimpression des classiques du protestantisme, en particulier l'*Histoire ecclésiastique* de Th. de Bèze; enfin il fut le zélé secrétaire du Comité pour le monument de Coligny. Et l'on peut dire qu'il mettait au service de tant de nobles causes la chaleur d'un cœur généreux, en même temps que les plus remarquables dons de la parole et de la plume.

Dans ses dernières années, après avoir remis à M. N. Weiss la rédaction du *Bulletin de la Société d'histoire du Protestantisme français*, il avait quitté Paris pour se retirer dans sa ville natale. Il ne cessa d'ailleurs pas pour cela ses travaux historiques. Il mourut le 23 mars 1892, en pleine activité, dans toute la possession de sa haute intelligence et dans la paix que donnent de fortes convictions chrétiennes.

Quant aux *Lettres* qui composent le présent volume, voici dans quelles circonstances elles furent écrites.

J. Bonnet, nous l'avons dit, avait été nommé professeur à Mâcon. Sa qualité de protestant le rendit bientôt suspect à l'intolérance catholique. En exposant dans son cours la guerre contre les Albigeois, il osa prendre le parti des martyrs contre leurs oppresseurs. Mis en demeure de se conformer davantage à l'enseignement officiel, il préféra descendre de sa chaire. Mais M. Mignet avait su apprécier le jeune professeur et lui fit confier par le Ministère de l'Instruction publique une mission qui lui convenait admirablement, celle de recueillir les lettres de Calvin éparses dans les Bibliothèques de l'Europe. Il en profita pour faire en même temps une ample moisson de précieux documents concernant les débuts de la Réforme. Il consacra à cette tâche cinq années de sa vie, qui furent pour lui non seulement pleines d'intérêt, mais fécondes en résultats heureux. « Elles lui valurent, dit « M. Weiss, de doctes et précieuses amitiés « qui lui restèrent fidèles; elles lui ont permis « d'entrer dans une intimité quotidienne avec « les hommes du seizième siècle, d'apprendre « d'eux ce qu'ils ont pensé, voulu, poursuivi, « de ne chercher qu'en eux seuls le secret de « la révolution dont ils ont été les instruments « dans le monde. »

Les lettres de J. Bonnet sont adressées à des amis, à des parents, et surtout à sa femme. Celle-ci, fille du juge lausannois Edouard Galliard, descend d'une de ces familles du

Vivarais qui se réfugièrent en Suisse à l'époque des guerres de religion. Elle se fait aujourd'hui un pieux devoir de livrer à la publicité cette intéressante correspondance, qui complètera la collection déjà si riche des œuvres de son mari. Ce nouveau volume a sa place marquée à côté de ses devanciers dans toutes les bibliothèques protestantes. On verra qu'il jette un jour révélateur sur les hommes éminents qui ont ouvert à l'historien, des archives d'un accès difficile et lui ont permis de pénétrer au sein des trésors du passé. Puis il fait encore apprécier Jules Bonnet dans le genre épistolaire. Après l'avoir admiré comme écrivain dans ses doctes ouvrages, on le voit, toujours avec ce même style enchanteur, plein d'élégance et de fine correction, s'épancher sous une forme plus familière.

La plupart de ces lettres ont été écrites à l'époque où le savant voyageur visitait les différentes bibliothèques de la Suisse, de l'Italie, de l'Allemagne, à la recherche de documents historiques. Elles sont un peu le journal de sa vie, de ses impressions en ces années de jeunesse et d'enthousiasme. Ses espérances, hélas ! ne devaient pas toutes se réaliser, puisqu'il est mort sans avoir pu mettre la dernière main à son œuvre de prédilection, celle où il voulait faire revivre la belle figure de Renée de France.

Ce recueil intéressera particulièrement la Suisse, où Jules Bonnet comptait de nombreuses relations. A Bâle, il vit dans l'intimité des familles Alioth et Burckardt, il fait la connaissance de savants tels que M. Gerlach et M. Hagenbach. A Lausanne, outre ses parents, il voit familièrement Vulliemin, Herminjard, de Meuron, Chapuis. A Clarens, il rencontre les Grosjean-Bérard, les Mirabaud, les Bayley, se lie avec Frédéric Frossard et M. Marquis, l'ami de Vinet; en leur compagnie il parcourt ce merveilleux pays, qui était pour lui comme un ami avec lequel il ne se lassait pas de faire plus intime connaissance. A Genève, ce sont les Lombard, les Tronchin, les Butini, les Naville, les Merle d'Aubigné, les Eynard, les d'Espine, les Gaussen qui lui offrent la plus cordiale hospitalité. A Turin, l'obligeance du sénateur Cibrario et des fonctionnaires Gazzera et Bertinetti lui donne accès soit à la Bibliothèque, soit aux Archives du royaume et à celles de la Cour des Comptes, où parmi les

liasses poudreuses il devait faire de si belles
découvertes. A Milan il voit le savant antiquaire M. Labus. Il va de là à Venise, où il
peut faire d'utiles recherches, grâce aux lettres
de recommandation dont il était muni pour
l'abbé Valentinelle et l'archéologue Cicogna.
A Padoue il passe des heures agréables avec
un jeune savant, M. Luzzato. On lira avec in-
térèt les détails de son séjour à Ferrare, qui fut
l'une des stations importantes de son voyage :
il travaille commodément à la bibliothèque de
la ville, grâce à l'amabilité de l'abbé Antonelli,
neveu du célèbre cardinal. Modène le retient
quelques jours, et il peut y faire d'heureuses
trouvailles, guidé par l'aimable marquis Campori. A Florence il a la joie de mettre la main
sur de riches et nombreux documents relatifs
à Renée de France.

Ce premier voyage fut suivi, en 1857, d'un
second séjour en Italie ; il s'arrêta surtout à
Rome. Il date de là des lettres intéressantes, où
il expose le résultat de ses investigations dans
divers dépôts précieux, tels que la Bibliothèque
Vaticane, la Minerve, la collection Barberini.
En 1861, nous le retrouvons encore au delà
des Alpes, et cette fois il a la joie de voir s'ou-

vrir les Archives de Modène, où il découvre
de véritables trésors historiques.

On le suivra encore avec intérêt dans d'autres excursions scientifiques qu'il fit en Allemagne et en Ecosse. Mais nous ne voulons pas
entrer dans plus de détails, pour ne pas déflo-
rer l'attrait du volume. Disons, toutefois, qu'en
le parcourant on sera frappé de trouver en
Jules Bonnet, à côté du savant qui passait avec
délices de longues journées dans la poussière
des bibliothèques, un artiste ardemment épris
de toutes les manifestations esthétiques, dans
les œuvres de l'homme comme dans celles de
Dieu.

On remarquera aussi avec quel plaisir il
parle toujours de la Suisse, où il se plaisait à
revenir presque chaque année. Il y éprouvait,
avec les satisfactions d'un admirateur de la
nature, celles plus douces encore d'amitiés
dont le meilleur lien était celui d'une parfaite
conformité de pensées et d'aspirations. Il en
évoquait encore le souvenir à la fin de sa vie.
« Genève, s'écriait-il, Clarens, la Suisse, où
« nous avons tant d'amis, où se sont écoulées
« de si belles années, je vous regrette, mais
« vous serez toujours pour nous un de ces sou-

« venirs bénis qu'on aime à se rappeler, parce
« qu'ils nous rendent à profusion les émotions
« pures de l'âme, les joies du cœur seules
« dignes de ce nom. » Il convenait donc que
ce recueil vît le jour dans ce coin de terre qui
était pour lui comme une seconde patrie et où
il a toujours rencontré de si chaudes sympathies.

Je suis de ceux qui gardent précieusement,
au fond de leur cœur, la mémoire de J. Bonnet.
On eût trouvé sans peine une plume plus autorisée que la mienne pour le rappeler au public. Mais l'amitié qui m'unissait à lui sera mon
excuse pour avoir accepté cette tâche et pour
oser mettre mon nom au bas de cette préface.

Eugène DE BUDÉ.

Genève, mars 1898.

LETTRES

DE

JULES BONNET

I

A Madame Jules Bonnet

Bâle, samedi matin, 23 août 1851.

C'est de Bâle, hôtel de la Cigogne, et non d'Arlesheim (¹), que je t'écris, et c'est te dire assez que je suis arrivé trop tard, sans doute, dans cette ville, grâce aux lenteurs des messageries, pour rencontrer l'ami venu peut-être au devant de moi, à moins que l'incertitude où je l'avais laissé, sur le lieu et l'heure de l'arrivée des voitures, ne l'ait

(¹) Charmant village aux environs de Bâle et résidence de la famille Alioth, aussi distinguée par les dons du cœur que par ceux de l'esprit. Une étroite amitié lia plus particulièrement J. Bonnet à deux de ses membres. Cette amitié ne se démentit jamais, et la mort seule rompit des liens que rien n'avait pu dénouer.

décidé à m'attendre de pied ferme à Arlesheim,
où j'irai le rejoindre aujourd'hui.

Quoi qu'il en soit, j'ai supporté cette légère
déception avec une sérénité à laquelle il ne manquait qu'un témoin, et j'ai fait aussitôt déposer
ma malle à l'hôtel le plus voisin de la poste,
couronné d'un de ces oiseaux populaires, sur les
rives du Rhin, et que je préfère, pour ma part,
au Sauvage armé de sa massue qui nous avait
accueillis, il y a deux ans, dans cette même cité.
Tu devines, j'en suis sûr, douce amie, l'emploi de
mes premières heures. Après avoir refait, en hâte,
ma toilette hier au soir, j'ai pris le chemin de la
cathédrale, dont j'avais de loin salué les vénéra-
bles tours, et j'ai revu ses flèches rouges dente-
lées, son *Campo Santo* éclairé des derniers feux
du soir, sa belle terrasse sur le Rhin. Jamais, je
l'avoue, la poésie de ce fleuve ne m'avait aussi
vivement saisi qu'hier au soir. J'aimais tout de
ce fleuve qui coulait si majestueusement à mes
pieds, jusqu'au vieux pont de bois, peu digne,
sans doute, de la prospérité d'une ville qui dé-
passe en richesses presque tous les autres can-
tons de la Suisse, mais que nous avions plus
d'une fois franchi ensemble, que maintenant je
repassais seul et qui trouvait sans doute grâce, à
mes yeux, à cause de ce souvenir.

Je ne pus résister, dans cette première promenade, à la tentation de sonner à la porte de notre excellent ami, M. l'antistés Burckardt. Une servante en costume bernois apparut seule dans la pénombre de l'entrée gothique, et me dit — je ne sais trop si c'était en allemand ou en français — mais je crus deviner par un signe de tête, qu'il était sorti, et je lui fis comprendre par un sourire et par un geste que je reviendrais. J'avais oublié de me munir d'une carte qui aurait du-moins transmis mon nom à l'hôte de ces lieux, au respectable successeur d'Œcolampade, de Grynée et peut-être de Curione, dont je rêvais l'image à l'ombre de la cathédrale, dans laquelle il est sans doute enseveli. Je redescendis alors vers le Rhin en passant devant la Bibliothèque, et après avoir traversé le pont, aux premières ténèbres, je me fis préparer un modeste dîner dans le café du coin que tu sais, où nous allions quelquefois, et dont la terrasse, couverte aujourd'hui d'un joli pavillon, est visitée par les brises du fleuve qui m'apportaient leur harmonieuse fraîcheur. Je repris, à la nuit noire, la route de mon hôtel où j'ai trouvé une première nuit de repos dont j'avais grand besoin, et où je me réveille à l'aube pour t'écrire. Mon voyage de Paris à Strasbourg a été rapide et moins pénible, malgré l'extrême chaleur, que je n'osais l'espérer. Nous n'avons été au complet que quelques heures et c'était la nuit. Je n'ai souffert, le croirais-tu ? de la poussière qu'en chemin de fer, de la Ferté à Bar-le-Duc. Le soleil donnait perpétuellement de mon côté et paraissait immobile dans le ciel. J'ai salué successivement, dans le trajet, le clocher du presbytère de Meaux, qui ne m'a pas paru moins hospitalier malgré le nuage dont il était couvert ce jour-là, et le doux horizon de Nanteuil, et la villa de la Ferté, espèce de bicoque suspendue sur la vapeur roulante du chemin de fer, avec un petit jardin en pente au dessous, qui devait séduire les imaginations bizarres qui s'étaient mises en campagne, comme pour réaliser, une fois de plus, le vers du bon La Fontaine :

> La montagne en travail enfante une souris.

A minuit nous entrions à Nancy, à huit heures du matin nous touchions à Sarrebourg. Ici commence la belle partie du voyage. On traverse les Vosges en chemin de fer, c'est une succession prodigieuse de voûtes si longues que l'on ne croit plus pouvoir en sortir, et retrouver la lumière du soleil. Ce sont de merveilleuses apparitions de prairies, de torrents, de rochers suspendus sur la route et de ruines pittoresques qui couronnent les cimes. On salue bientôt l'incommensurable flèche de Strasbourg, avant de s'élancer d'une vitesse nouvelle sur le chemin de

Bâle, où l'on arriverait avant quatre heures sans les mille stations dont il est coupé, et sans les ennuis des déchargements de notre voiture, qui n'entrait à l'hôtel de la Poste qu'à six heures et demie du soir.

Voilà un court exposé de mon voyage et de mes premières heures à Bâle. Ce que je ne t'ai pas dit, ce que tu sais, c'est que je partais le cœur gros et qu'il m'en coûtait de me séparer d'une amie qui fut pour moi une compagne, si douce, dans le voyage en Suisse. Il me semble encore aujourd'hui que cette séparation ne sera pas longue et qu'un miracle du ciel doit nous réunir. Pourquoi, du moins, ne peux-tu te reposer sur tous les souvenirs de ces dernières semaines, avec une égale douceur! Je t'aurais quittée avec moins de regret, mais non le cœur moins attristé de ces perspectives de solitude qui se déroulent maintenant pour moi.

Adieu, bonne et tendre amie, j'aurais tant de choses à te dire encore que je te dirai bientôt en t'écrivant d'Arlesheim!

Reçois les meilleures amitiés de celui qui ne sait pas toujours te le témoigner, mais qui est bien à toi.

II

Arlesheim, 26 août 1851.

C'est de la solitude enchantée d'Arlesheim que je t'écris cette fois. Je viens de me recueillir, avant le premier rayon du soleil sur les ruines, au chant des oiseaux tapis dans les feuillées, et je prépare la lettre que je dois jeter à la poste ce matin avant d'aller à la Bibliothèque.

J'occupe ici, à l'extrémité de la maison, une chambre délicieuse, s'ouvrant par trois fenêtres sur les prés en fleurs, sur la vieille tour penchée vis-à-vis, et sur l'ermitage. J'attends l'ami Achille qui doit venir bientôt frapper discrètement à ma porte pour voir si je suis levé, et qui sera tout surpris de me trouver à l'œuvre; mais il est si doux de t'écrire et de faire passer les choses du cœur bien avant celles qui doivent m'occuper maintenant chaque jour, et qui sont le principal objet de mon voyage.

Je suis arrivé à Arlesheim samedi, sous la conduite de l'ami Achille, qui n'avait pu, la veille, se rendre à Bâle, mais qui avait envoyé un exprès, lequel n'a pas su me trouver à cause de l'incertitude du lieu où je devais descendre et de l'heure tardive de mon arrivée. J'étais déjà installé dès le matin, au milieu de mes manuscrits,

à la table de M. Gerlach, quand la porte s'est
ouverte et à donné passage à l'ami qui était venu
me chercher de bonne heure, et que j'avais averti
par un mot de ma présence à la Bibliothèque.
Tu devines avec quel bonheur on s'est revu et
que la séance de travail a été moins longue, ce
premier jour, qu'à l'ordinaire. On avait tant de
choses à se dire, douces, intimes, tristes, comme
après une longue séparation. Le nom de M. Alioth
que je ne devais pas revoir, et de la chère demoiselle Moser, a été prononcé bien des fois dans cet
entretien, le long de la route que tu connais et
qui a été bien vite franchie. Un autre deuil de
famille, bien inattendu pour moi, s'était joint
dans la maison du vénérable antistés Burckardt,
à ceux qui nous étaient déjà connus. Tu te souviens de cette aimable demoiselle Burckardt, qui
t'avait accueillie dans la maison de son père; je
vois encore sa figure modeste et souriante, dans
le jardin où vous étiez assises ensemble, pendant
que j'étais occupé à mes manuscrits. Elle était
mariée depuis un an et elle a été enlevée en quelques jours, il y a peu de mois, laissant son père,
près duquel elle était établie, avec son mari in-
consolable de cette perte. C'était hélas ! le mo-
tif de l'absence de M. Burckardt, fixé en ce moment à la campagne, auprès d'une autre de ses
filles, et rentrant rarement dans une maison qui

lui rappelle de si cruels souvenirs. Il doit y revenir cependant la semaine prochaine. Je l'y reverrai mais *seul*, et ne pourrai que lui dire, mais avec une profonde sympathie, la part que je prends à son malheur.

Nous étions attendus à Arlesheim : Mme Alioth, Mme Burckardt, sœur de notre ami, et Sigismond, étaient réunis dans le petit salon du premier étage et m'ont accueilli avec la plus grande affection. Mme Alioth est mieux portante, depuis son retour des bains, quoique toujours faible et délicate. Sa fille — que nous n'avions pas connue — est aimable et bonne comme on l'est dans toute la famille. J'ai eu bien de la joie à embrasser notre cher botaniste qui a rapporté, cette année, de précieux trésors d'une excursion au Mont-Rose, et qui m'a promis quelques bribes de ses reliques alpestres. On m'a beaucoup demandé des nouvelles de mon Octavie, elle a eu, comme tu penses, une bonne part à ces premiers entretiens, mêlés de beaucoup de souvenirs et de regrets.

J'ai revu le lendemain cette charmante vallée, le moulin, les deux petits lacs, les gorges boisées, l'Ermitage, et presque toute cette journée s'est passée en conversations intimes et en promenades. Nous avons visité, derrière la ruine de Dornach, une délicieuse cascade à cinq sauts, encadrée dans les rochers, et couronnée d'une verdure charmante qui forme, au-dessus, un berceau de lianes légères d'un effet ravissant. C'est Sigismond qui a fait cette découverte, il y a quelques mois, dans une petite gorge isolée au milieu des bois. Nous retournerons quelquefois dans ce joli site où tu nous as bien manqué, comme dans tous nos entretiens et nos promenades de ce jour.

Il est temps de te parler de la Bibliothèque où j'ai commencé une moisson intéressante de documents qui, je l'espère, deviendra plus abondante à mesure que je connaîtrai mieux les manuscrits que je dois explorer. Le catalogue est confus, incomplet, inexact, les indications qu'il porte ne correspondent pas à celles des volumes, en sorte que les recherches présentent beaucoup de difficultés. Cependant j'ai déjà mis la main sur des lettres précieuses de Curione, avec quelques mentions nouvelles d'Olympia Morata, qui me font espérer plus encore.

M. Gerlach m'a permis d'entrer dans la Bibliothèque à l'heure où elle n'est pas ouverte au public, et de m'installer dans la salle des manuscrits où se trouvent cent cinquante à deux cents volumes que je me propose d'explorer complètement et qui me fourniront, je n'en doute pas, plus d'une page intéressante pour mes travaux.

9 heures du matin.

C'est à la Bibliothèque, au milieu des manuscrits déposés sur ma table, que je termine à la hâte cette lettre. Nous sommes venus à la ville en voiture, Achille et moi, et nous devons repartir ensemble dans quelques heures. Je viens de découvrir un volume de pièces relatives à Curione, avec son testament en italien écrit de sa main, et plusieurs lettres intéressantes, mais rien encore d'Olympia, si ce n'est quelques copies de ses lettres ; pas d'autographes ! Espérons que je serai plus heureux en avançant dans mes recherches. On se sent bien inspiré dans ces vastes salles si solitaires. Je suis tout à fait seul ; je vais, je viens, je me donne le plaisir de feuilleter ces volumes poudreux, où se succèdent les noms les plus illustres, mais où le nom d'Olympia, écrit de sa propre main, ne s'est pas encore offert à mes regards.

Adieu, tu recevras sans doute cette lettre le jour où j'aurai reçu la tienne, à laquelle je me donnerai le plaisir de répondre à la fin de la semaine.

III

Arlesheim, 2 septembre 1851.

Il me tardait de recevoir ta seconde lettre, et je ne pressentais pas en l'ouvrant, la triste nouvelle que tu allais m'annoncer. Cette chère dame Ducloux n'est plus de ce monde, et cette voix que nous entendions hier, cette main que nous serrions, ce sourire d'une âme pieuse et résignée, tout cela n'est plus, ou du moins ne retentira plus à nos oreilles, ne s'offrira plus à nos regards ici-bas. Il était, hélas ! trop facile de prévoir ce deuil, mais je ne le croyais pas si prochain, et puis il y a toujours une si grande distance des prévisions les plus douloureuses, à la perte elle-même ! Chère et excellente femme, que nous avons trop peu connue, mais que pourtant nous avons aimée et dont le souvenir nous sera toujours précieux. Ses souffrances sont terminées; elle jouit de ces biens éternels qui sont le prix d'une foi humble et sincère, et l'on ne peut que se dire en pensant à elle: « Que ma mort soit celle du juste, et que ma fin soit semblable à la sienne». Je vais écrire aujourd'hui à ce pauvre ami Ducloux pour lui dire la part que je prends à son épreuve. Sans doute les préoccupations de la vie, l'activité consumante des affaires, feront trop tôt diversion au vide douloureusement senti en ce jour. Mais il est doux de recevoir, en un tel moment, un témoignage d'affection, et puis je ne peux penser, sans un serrement de cœur, à ces pauvres enfants, orphelins de la mère qui les a tant aimés, à ces excellentes dames Noir pour qui la vie semblait n'avoir qu'un seul but de consécration à celle qu'elles ont perdue.

J'ai continué à suivre paisiblement le cours de la vie d'Arlesheim telle que tu la connais. A sept heures du matin, déjeûner en compagnie d'Achille et de Sigismond. A huit heures, départ pour la ville et première séance de travail à la Bibliothèque, jusqu'à midi. Je sors un instant alors pour faire un second déjeûner au café du Pont et pour lire les journaux. D'une à trois heures, seconde séance de travail, en compagnie de M. Gerlach, dont la femme m'a parlé de toi en termes véritablement affectueux et sentis.

Mes recherches ont été heureuses jusqu'ici, quoique je n'aie pas pu découvrir une seule ligne autographe ou inédite d'Olympia Morata. Il m'en coûte de renoncer à un tel espoir, et cependant je ne dois plus rien espérer à la Bibliothèque, dont j'ai déjà exploré les nombreux manuscrits. Demain, commenceront mes explorations aux Archives ecclésiastiques. L'antistés doit rentrer

en ville ce soir, je me réjouis vivement de l'y retrouver et de reprendre mes travaux dans la maisonnette, au fond du jardin, qui me rappellera de
doux et mélancoliques souvenirs.

Il paraît que vous avez éprouvé, comme nous, ce
changement subit de température qui nous transporte, sans transition, des chaleurs de l'été aux
confins de l'hiver. Le ciel est gris, il pleut, il fait
froid, et l'on se surprend à grelotter comme en
décembre. J'ai dû remettre subitement, bas de
laine, habit et paletot. Nous avons passé ces dernières soirées au coin du feu, Sigismond et moi,
en l'absence d'Achille qui s'est rendu à Berne au
devant de sa femme. Ils sont attendus à Arlesheim aujourd'hui, et je n'achéverai sans doute
pas cette lettre sans entendre le roulement de la
voiture qui doit les déposer près de nous.

Nous avons fait hier une petite surprise à Madame Burckardt, à la fabrique. C'était la seconde
fois. Nous avons été retenus au thé du soir, et
puis on a fait de la musique. La sœur de nos amis
que tu n'as pas connue, a une très jolie voix ; elle
est simple et aimable ; tu l'aimerais vite si tu
pouvais t'asseoir un instant, comme moi, à son
foyer, embelli par la présence de trois enfants,
sans compter les cinq de M. et Mme Auguste
Alioth, actuellement aux bains de Canstadt, près
de Stutgard, et qui doivent en revenir ce soir.

Voilà les principaux événements de ma vie, uniforme et douce, d'Arlesheim. Je devrai sans doute songer au départ la semaine prochaine, quoiqu'on ne veuille pas entendre prononcer ce vilain mot. J'espère que mes recherches, parmi les manuscrits de M. l'antistés, couronneront dignement celles que j'ai faites à la Bibliothèque. Je te transmettrai de Genève le petit paquet de notes, assez lourd déjà, que j'ai recueillies dans cette ville; je profiterai pour cela d'une occasion. Mme Achille est arrivée, grandie encore, mais non brunie au soleil de Montreux. Telle, du moins, elle m'a paru à son entrée au salon. Après quelques mots cérémonieux, l'entretien est devenu, entre nous, plus familier et plus enjoué. Elle m'a demandé de tes nouvelles du ton le plus aimable. Je ne suis pas allé aujourd'hui à Bâle. Sigismond me propose une promenade, à travers bois, jusqu'au pic voisin d'Arlesheim, un autre Solutré. J'accepte malgré quelques gouttes de pluie. Gare l'orage pour le retour !

P.-S. — J'ai découvert à la Bibliothèque une belle lettre sur Olympia, à laquelle était jointe la complainte de Gunthler sur la mort de sa femme; mais, hélas! la complainte a disparu! Il y a un volume, tout entier, de pièces intéressantes relatives à Curione et pas un mot autographe de son amie. C'est vraiment inexplicable.

IV

Arlesheim, 11 septembre 1851.

Tes pressentiments ne t'ont pas trompée, je suis encore à Arlesheim. Je n'ai pas su résister aux instances aimables qui m'ont été adressées ; je n'ai pas su résister aux attraits de la Bibliothèque qui me livre encore ses derniers trésors, et à la douce invitation de ce ciel bleu, de ce chaud soleil qui luit sur nous, après s'être longtemps voilé derrière la face glacée de l'hiver. J'achève donc la semaine à l'Ermitage, et je n'en partirai que lundi pour me rendre à Genève, en passant par Berne, très probablement, mais sans m'y arrêter. C'est la route la plus directe jusqu'à Lausanne, où je resterai un jour tout au plus. Je toucherai quelques heures à Morges pour remettre à Madame Burnier, mon petit paquet de manuscrits qu'elle déposera fidèlement entre tes mains, et dont je tiens à alléger ma nacelle, avant d'entrer en Italie. J'observerai même précaution à Genève et à Turin, où j'aurai soin de transcrire, sur papier à lettre, les pièces que je dois recueillir, afin de te les envoyer plus commodément sous enveloppe, et de lester ainsi mon navire, à mesure qu'il avancera davantage vers les rives inconnues, hérissées d'écueils et de naufrages. J'ai eu la joie

de revoir, depuis la semaine dernière, M. l'antistés Burckardt. Sa maison est toujours ce précieux
musée, tout parfumé des souvenirs du passé, que
nous avions connu il y a deux ans: manuscrits,
médailles, portraits, rien n'y manque. J'ai eu le
plaisir de contempler, dans un riche portefeuille
de vieilles gravures, plusieurs portraits de Curione et de sa fille Angela, dans le costume du
temps, avec une galerie complète de graves et
doctes personnages du seizième siècle, y compris
le jurisconsulte Amerbach et le théologien Sulcer.
Mais hélas! Olympia Morata n'y était point. Nous
avons ensuite visité, dans la partie fermée du
cloître, qui s'ouvre sur le Rhin par de belles fenêtres gothiques inondées de soleil, les tombeaux
de Curione et de ses fils, avec leurs inscriptions
à demi effacées. Angela, Celia, Félicilla, reposent
dans le temple de Saint-Pierre situé à l'autre extrémité de la ville. Voilà pour les monuments.
J'ai revu mes chers manuscrits dans la cellule
solitaire qui s'ouvre sur le jardin, où tu t'asseyais
avec cette bonne demoiselle Burckardt, et j'y ai
recueilli plusieurs pièces importantes, mais toujours même absence, inexplicable, des manuscrits
d'Olympia! L'antistés voulant à tout prix éclairer ce mystère, s'est mis à fureter dans toutes
sortes de vieux livres, et il a trouvé, dans je ne
sais plus quel catalogue, que la bibliothèque de

Curione avait été vendue après sa mort et achetée par un duc de Brunswick-Lunebourg. Plus de doute, ses manuscrits ont été vendus avec le reste de la bibliothèque, et ils sont actuellement déposés à Brunswick, à Hanovre ou à Wolfenbüttel. Me voilà relancé bien loin de Bâle, et peut-être dans la région des conjectures et des chimères. M. Gerlach s'est offert, avec son obligeance accoutumée, à écrire sur le champ au savant docteur Pertz, bibliothécaire à Berlin, pour lui demander des renseignements, qui me seront fidèlement transmis, et qui me seront plus tard une direction. Je n'en ai pas moins fait une moisson très intéressante de documents, parmi les lettres autographes de Curione à des personnages divers, et aussi parmi quelques ouvrages très rares qui ne se trouvent qu'ici. J'ai trouvé, particulièrement, un précieux volume contenant les lettres les plus pathétiques du monde, de Curione sur la mort de ses enfants. Voilà les matériaux d'une précieuse étude biographique qui, venant après celle de Renée de France, et associée à une vie d'Ochino et de Pierre Martyr, formerait un beau volume d'études historiques sur les principaux réformateurs italiens.

Mes recherches à la Bibliothèque et aux Archives, ont été entremêlées, d'ailleurs, de promenades à Arlesheim et de très aimables invitations en ville. J'ai dîné hier chez Mme Heitz de Wette, fille du célèbre théologien de Wette, en compagnie de M. le professeur Hagenbach, l'auteur de l'article allemand sur Olympia, et de plusieurs autres savants. M. Hagenbach est un homme charmant, d'une physionomie on ne peut plus agréable, et d'une conversation aussi sérieuse que spirituelle. Quelques jours auparavant, j'étais convié à un grand banquet académique, chez M. Gerlach. Trente personnes à table! Les quatre facultés étaient représentées, et heureusement, à coté de moi, une dame de Strasbourg, établie à Bâle, et heureuse de parler français. Le banquet qui n'était pas précisément celui de Platon, a duré deux heures et demie; c'est un progrès sur le thé célèbre de 1849. J'avais, à ma gauche, Mademoiselle Gerlach qui m'a beaucoup parlé de Lausanne, où elle a passé une année. La conversation générale était, comme tu penses, en allemand, et interrompue parfois par des éclats de rire homériques. M. Gerlach, mon voisin, me mettait au courant, et je n'ai eu qu'à me louer de sa bonté parfaite pendant tout le repas. J'ai cependant un faible, je l'avoue, toujours le même, pour les paisibles dîners de l'antistés; on y cause doucement; on se comprend à demi-voix. La table de famille est encore, malgré le vide d'un douloureux départ, couronnée de jolies têtes d'enfants;

le petit garçon que tu as connu, devenu un studieux écolier, une sœur de quatorze ans, en pension lors de notre passage à Bâle, et rappelée depuis quelques mois auprès de son père; attitude simple et modeste, visage coloré de charmantes rougeurs à la moindre question, telle est cette jeune personne que tu aimerais vite si tu pouvais la connaître. J'oubliais le gendre déjà veuf, M. Bernouilli, qui continue d'habiter la maison de son beau-père, et que j'ai amené samedi passé à Arlesheim. Nous avons fait, avec lui, une magnifique promenade sur une des plus hautes cîmes qui couronnent la vallée. On traverse successivement de belles prairies et puis une forêt de sapins, avant de parvenir à la région des rochers et au dernier pic, d'où se déploie une vue ravissante sur la plaine et les montagnes. Sigismond, M. Burckardt, M. Kastner (l'officier français émigré que tu n'as pas oublié), avec un de ses fils, espiègle écolier en vacances, étaient de la partie. On avait laissé Monsieur et Madame Achille, au château. Nous avons allumé un feu de branches sèches pour nous réchauffer, sur la plus haute corniche du mont, et nous en sommes redescendus par un magnifique coucher de soleil, qui ressemblait à un lever, puisque l'astre, voilé tout le jour, ne paraissait qu'un moment, comme

pour éclairer ce tardif réveil de la nature, enseve-
lie bientôt dans les ombres du soir.

La promenade de dimanche nous avait mis en
goût, et avant-hier, mardi, nous avons fait l'ascension de la ruine située en face du parc et des
magnifiques rochers taillés en grottes. Auguste
Vinet, venu de Bâle en visite, Sigismond et moi,
nous composions toute la troupe. Nous nous sommes assis au pied de la tour ruinée, pendant que
Monsieur et Madame Achille se promenaient loin,
bien loin, à nos pieds, dans les allées sablées du
parc. J'ai longtemps causé avec Auguste Vinet,
tout heureux de son échappée hors de la librairie,
à travers champs. Il s'est beaucoup développé, à
Bâle, et n'était son extrême surdité, on aurait
grand plaisir à causer avec lui. Nous sommes
déjà devenus très bons amis.

Que je te dise quelques mots, en finissant, sur
les membres de la famille d'Arlesheim. Je me suis
extrêmement attaché à Sigismond, que je traite
maintenant, presqu'aussi familièrement qu'Achille. On se tutoie, avec ce dernier. J'ai eu beaucoup de plaisir aussi, à connaître de plus près sa
femme qui, sous un calme et une solennité appa-
rente, a les plus aimables qualités. Elle a été
assez éprouvée par les premiers temps de son
séjour dans le pays de Bâle; mais un retour de
deux mois, au Châtelard, l'a entièrement rétablie.

Cependant elle doit s'interdire les grandes courses. On se retrouve en famille le soir, dans le salon de Madame Alioth. On cause, on lit, on devise de mille sujets; on fait des plans pour le lendemain ; on rappelle le souvenir des chers absents jusqu'au coup de neuf heures, où chacun prend sa bougie et souhaite le bonsoir aux voisins. Jules Bonnet et le jeune botaniste s'oublient parfois en causeries plus longues, et ne se séparent qu'une heure après le défilé général.

Le plus doux événement de cette nouvelle vie, c'est l'arrivée de tes lettres. J'ai reçu la dernière avec ravissement. J'en ai lu quelques passages à la famille réunie; c'était le soir, et toutes les voix ensemble, m'ont chargé pour toi de mille amitiés.

P.-S. — M. Gerlach m'a fait cadeau d'un très bel exemplaire des œuvres d'Olympia Morata, qui me sera doublement précieux comme souvenir de lui et d'Olympia.

V

Lausanne, 18 septembre 1851.

J'aurais voulu pouvoir anticiper sur ce jeudi, lendemain de mon arrivée à Lausanne, pour te remercier de ta lettre d'adieu qui m'est arrivée à Bâle, la veille de mon départ. Ton cœur ne t'avait donc pas trompée et les pages que je n'osais espérer ont été pour moi délicieuses à lire, en retournant une dernière fois à Arlesheim, pour consacrer à nos amis ces heures mélancoliques et rapides qui précédent la séparation.

J'ai dit adieu à mes chers amis, mardi matin, le cœur plein de tous les témoignages de tendre affection dont j'ai été comblé durant mon séjour auprès d'eux. Ce séjour serait un des souvenirs de bonheur les plus purs et les plus complets de ma vie, si j'avais pu en jouir avec toi ; mais c'est ma destinée, dans tout le cours de ce voyage, de ne rencontrer que des joies incomplètes et de me retrouver seul, dans le cercle des plus précieuses amitiés que Dieu m'ait données ici-bas. Je le sentais douloureusement en quittant Arlesheim, accompagné par Sigismond qui n'a voulu me laisser que le plus tard possible. — Achille était retenu à la fabrique par l'absence de son beau-frère parti pour Londres. — Et quand j'ai eu embrassé cet excellent ami, qui représentait, à mes yeux, tous les membres de l'aimable famille dont je venais de me séparer, je me suis trouvé triste, presque comme à l'heure où je quittais Paris, et où le pas rapide des chevaux entraînant la voiture, me dérobait au coin de la rue, ton doux visage. Quoi, me disais-je, j'ai donc pu tant désirer ce voyage qui me condamne à une perpétuelle solitude de cœur, et j'ai pu sourire à ces perspectives qui maintenant m'apparaissent si arides et si dépouillées.

La beauté du paysage qui se déployait, à mes yeux, au sortir des collines pittoresques dont se compose l'ancien évêché de Bâle, n'a fait qu'un peu tard diversion à mes tristes pensées. J'ai revu par un ciel éclatant comme celui d'Italie, ces belles cîmes alpestres que nous avons admirées de près, dans notre pélerinage de l'Oberland. J'ai salué tous ces sommets glorieux, dorés par les rayons du soir, et je pouvais presque deviner à l'œil, sur le dernier plan qui m'en séparait, la croupe sombre de la Wengernalp que nous avions gravie, à trois, par une ravissante matinée de printemps. J'ai traversé, pendant ce voyage de vingt-deux heures, Soleure, Berne, Fribourg et son beau pont. Je n'ai pas été trop fatigué par la voiture, et dès le lendemain matin, une heure après mon arrivée, je suis allé chercher l'ami de Meuron devenu, depuis quelques semaines, le père d'un petit garçon. Il m'a présenté à sa femme, personne à la fois simple et distinguée, dont la physionomie expressive repose agréablement les yeux. J'avais besoin en arrivant à Lausanne de revoir d'abord un ami.

J'ai rencontré à quelques pas de là, ta cousine Emma Galliard, et revu successivement, ton cousin Jean-Louis, avec sa charmante femme, et en-

fin M. Vulliemin qui m'a invité à prendre le thé
pour le soir. J'étais engagé à dîner chez de Meuron, et chez ta tante Galliard. J'ai opté pour la
dernière, en compagnie de Jean-Louis pour lequel tu sais que j'ai une inclination particulière,
et que je devais retrouver le soir à Riant-Mont,
ainsi que mes amis Herminjard, de Meuron et
M. Chapuis, invités à mon intention. Je ne parle
pas du cercle de dames composé de Madame
Vulliemin et de ses filles, ainsi que d'une jeune
demoiselle Rolland, parente de la famille Galliard et, à ce titre, un peu la nôtre, qui regrettait
vivement de n'avoir pas connu ta sœur durant
son séjour à Morges. Ces dames se souviennent
avec plaisir de Clémentine, elles regrettent seulement que son séjour ait été si court. J'ai retrouvé partout les traces de son passage, avec un
accent particulier d'affection et de tendre souvenir pour elle, toutes les fois que son nom était
prononcé.

C'était hier un grand jour pour notre cousine
Emma. Le comité de l'Ecole supérieure des jeunes filles devait prononcer sur le choix définitif
d'une dame surveillante pour les leçons, et elle
était au nombre des candidats. Tu comprends
avec quelle anxiété on attendait le résultat de la
séance à laquelle, pour des motifs délicats,
M. Vulliemin n'avait pas cru devoir assister. C'est

notre chère Emma qui a été nommée. J'étais présent, chez ta tante, quand M. Vulliemin est venu apporter la nouvelle. Toute la famille était fort heureuse. Emma espère pouvoir aller s'établir, avec sa mère, dans un appartement situé près de Riant-Mont, et jouir ainsi plus souvent de la société des autres membres de la famille, dont on était séparé par de trop grandes distances, en hiver.

J'ai causé, à loisir, avec M. Vulliemin qui est pour moi d'une bonté que rien n'égale. Il m'a offert en souvenir, non l'Histoire de Chillon que j'ai déjà lue, à Arlesheim, avec beaucoup de plaisir, mais un petit livre très précieux et très rare : les œuvres d'Aonio Paleario, un des martyrs italiens du seizième siècle, dont les lettres renferment de belles allusions à Renée et à ses filles. C'est un souvenir de plus, de mon voyage en Suisse, que j'espère pouvoir déposer demain, à Morges, entre les mains de Madame Burnier, avec les manuscrits recueillis, et que tu recevras à la fin du mois. Tu as déjà deviné que Morges sera pour moi le chemin de Beaulieu, où j'irai dîner avec l'ami de Meuron. Les Eynard y sont en ce moment réunis, et je ne puis décidément passer si près d'eux, sans aller leur apporter un petit bonjour. J'espère me trouver samedi à Genève.

Je dois aller ce matin, en compagnie de M. Chapuis, voir la mère de notre bienheureuse amie,

Madame Ducloux. Je regretterais trop de passer par Lausanne sans voir les membres de cette famille affligée, et sans leur offrir l'expression de mes vives sympathies.

Voilà un court exposé de l'histoire de ton Jules depuis qu'il a quitté Arlesheim. L'avant-veille de mon départ fut marquée par une magnifique promenade au château de Pfeffingen, belle ruine située sur une montagne pittoresque, au delà du manoir d'Engenstein dont tu as gardé bon souvenir. Le soir de ce même jour, toute la famille Alioth était réunie dans un banquet qui se prolongea, ainsi que la conversation, assez tard, et me permit de jouir, une dernière fois, de tous les amis que je devais bientôt quitter. Madame Auguste Alioth m'a remis une lettre pour une de ses cousines, la comtesse Baratelli, née Falkner, qui habite Ferrare!... Ne serait-ce pas piquant, en vérité, de retrouver dans la cité de l'Arioste et du Tasse, un souvenir de Bâle et de la vallée de l'Ermitage, à Arlesheim? J'ai pu explorer, cette fois, mieux qu'il y a deux ans, les environs de cette belle vallée. Nous n'avons pas fait une promenade qui ne nous ait transporté, dans les sites les plus enchantés et où l'on n'ait fait vœu, s'il plaît à Dieu de nous réunir encore, de retourner avec toi l'été prochain. Je ne suis pas parti sans laisser derrière moi de douces promesses et sans m'enchaîner d'avance avec une douce petite amie qui, je l'espère, ne me désavouera pas.

Adieu, amie, continue à me faire part de toutes tes pensées, même tristes, car elles sont toutes à moi, et souvent je les partage. Oui, je le sens, je ne t'ai pas encore donné tout ce bonheur intime, calme et doux dont une femme a besoin, mais tu sais si je désire l'obtenir pour toi, et pardonne s'il semble que Dieu en ajournant ce bonheur, semble vouloir te donner, par mes mains, plus et moins que tu ne l'aurais souhaité. Le repos serait si précieux plus tard, à l'ombre d'un peu de gloire !

VI

Genève, 24 septembre 1851.

J'anticipe, d'un jour, sur le jeudi consacré d'ordinaire à ma plus douce correspondance, pour te donner le temps de m'écrire une fois encore, avant mon départ de Genève. Je suis arrivé ici samedi au soir, par le bateau, après une double halte à Morges et à Beaulieu. J'avais quitté Lausanne, la veille, après avoir dit adieu, non sans regret, à tous les amis qui m'avaient si gracieusement accueilli dans mon rapide passage. Il me sera toujours doux de m'en souvenir, et je me sens attaché, par beaucoup de liens, aux excellents parents qui ont su si bien me témoigner que j'étais pour eux, non un étranger, mais un membre de la famille et qui m'ont, à ce titre, comblé d'affection.

La dernière soirée de Lausanne s'écoula, pour moi, chez nos bons amis de Meuron, en compagnie de Messieurs Chavannes, Vulliemin, Herminjard, Joannot. Ce dernier, directeur d'une sorte de gymnase libre faisant suite à l'institution Galliard, et ami particulier de la famille Gauthey, est un homme précieux à connaître, et que j'ai ajouté bien volontiers à la liste des noms déjà connus et aimés.

M. Vulliemin nous racontait avec une grâce parfaite son voyage à Londres, ou quelques-unes de ses courses au château de Chillon, dont il a si bien fait revivre l'histoire; Herminjard parlait Viret, M. Chavannes, botanique ou histoire naturelle, et moi mes *moutons favoris*. Bref, la conversation ne tarit pas jusqu'au moment de se séparer, entre dix et onze heures du soir. Je revis encore M. Vulliemin, dans la matinée de vendredi, avant mon départ. Je dis adieu à ta tante, à Emma, ainsi qu'à Monsieur et Madame J.-L. Galliard, et je m'acheminai, à Morges, dans l'omnibus qui me déposa en moins d'une heure, à la porte des dames Mousson.

Le long corridor me rappela des souvenirs qui ne sont pas, sans doute, effacés pour Clémentine, et qu'elle me pardonnera, en tout cas, de réveiller dans sa mémoire Je revis, ou cru revoir, par un jour de neige, un essaim de jeunes filles espiègles, sortant de l'Ecole supérieure, la physionomie sévère de M. Muller adoucie à peine, par le rayon de soleil qui dorait en ce jour, s'il m'en souvient, la vieille tour de Vufflens. Je revis bien d'autres choses encore et je ne me reposai de ma vision qu'à la table hospitalière où étaient assis, avec la vénérable dame Mousson, Monsieur et Madame Burnier(¹) et quelques élèves. Après le dîner, on causa longtemps dans le salon ; on fit quelques tours de jardin ; je remis un petit paquet de manuscrits à la dame du lieu, qui les remettra dans quelques jours à mon Octavie, et je partis pour Rolle, dans le bateau où je devais retrouver de Meuron. Le ciel brillant jusqu'alors, s'était voilé tout à coup ; nous arrivâmes à Beaulieu par la pluie et notre arrivée n'en fut que plus surprenante. Mademoiselle Hilda, seule au salon, poussa un cri à notre vue ; Madame Eynard me tendit la main, en me disant : « Où est Octavie? » M. Eynard m'embrassa, je ne sais

(¹) Monsieur Paul Burnier, pasteur de la chapelle Taibout, à Paris.

combien de fois, et me donna en échange de tant
de lettres demeurées sans réponse, tant de témoignages de bonne et tendre amitié que j'oubliai
tous ses torts. La soirée s'écoula au coin du feu,
après une visite aux grands parents, en délicieuses causeries qui se réveillèrent un instant, au
matin, avant le départ. Gabriel et Fédor étaient
rentrés en pension à Vevey. Je repartis pour
Morges où j'avais laissé mes effets, et d'où je devais, avec Madame Burnier, faire une visite chez
Madame Alexis Forel, à Saint-Prex. Mais le ciel
parut jaloux de cette promenade, et après quelques heures passées chez les dames Mousson ou
chez le pasteur Louis Burnier, je pris définitivement, par le bateau de retour, la route de Genève.
J'arrivai dans cette chère ville samedi soir, par
un temps pluvieux et froid, qui me fit vivement
apprécier les douceurs d'un manteau emprunté
au presbytère, et à peine installé, dans une des
chambres de la pension Laurent, au quatrième
étage, donnant sur la place du Port et sur un coin
du lac, je courus rue des Chanoines. Madame
Long était absente ?... De là, rue de la Cité, chez
nos bons amis d'Espine. Que je fus heureux de
les retrouver assis en cercle de famille, autour de
la table du salon, et avec quelle joie j'embrassai
M. d'Espine qui me serra dans ses bras comme
un fils revenu d'un long voyage ! Ces dames

m'apprirent que Madame Long était toujours dans
le midi et sa fille, Madame Audéoud, à la campagne. Je fus retenu pour le thé ; invité à dîner
pour le lendemain ; je connus rarement de plus
douces heures que celles qui marquèrent, auprès
de ces amis, le premier soir et le premier dimanche de mon retour à Genève. Le matin, j'eus le
plaisir de rencontrer à l'Oratoire, les dames
Gaussen, M. Tronchin et M. Frédéric Monod. Je
passai la soirée aux Grottes, en compagnie de ce
dernier, et je fus accueilli par M. Gaussen dans
ce même intérieur, à la fois vénérable et charmant, que tu connais, avec cette bonté simple,
cette grâce particulière qui n'est qu'à lui. J'ai
enfin reçu ta lettre qui me paraissait longue à venir. Je connaissais déjà, par M. Merle d'Aubigné,
chez lequel j'ai passé la soirée de lundi, le charmant libraire écossais que tu as vu à Paris. C'est
M. Constable, fils de l'éditeur de Walter Scott, et
il paraît très disposé à favoriser la publication
des lettres de Calvin, à laquelle il s'intéresse vivement. J'ai eu un long entretien avec M. Merle
à ce sujet. Il doit écrire de nouveau, à Edimbourg
et à Londres, de manière à préparer les éléments
d'une solution favorable, pour l'époque de mon retour à Paris. C'est une matière délicate, tu le
comprends, à cause des susceptibilités de l'ad-
ministration. Il faut agir avec réserve et discré-

tion, jusqu'au jour où l'on serait en mesure de faire un éclat.

Je dois aller demain à Bessinge, voir la famille Tronchin et la jeune dame Naville, et je n'oublierai pas de toucher aux manuscrits de Lavigny.

Voilà bien des détails sur les premiers jours que j'ai passés à Genève. J'espère pouvoir les compléter dans une seconde lettre que je t'écrirai d'ici, avant mon départ. Mon intention serait de quitter cette ville lundi ou mardi prochain, pour me rendre par le Valais, Martigny et le Grand-Saint-Bernard, au Val d'Aoste. Mais il est tombé beaucoup de neige dans les montagnes ; le ciel est encore froid ; le temps hésite à se rétablir, et s'il n'était devenu tout à fait beau, je devrais me résigner à me rendre modestement à Turin, par le service des voitures qui franchissent cette distance en trente-deux heures, en passant par Annecy, Aix et Chambéry.

Un mot encore, touchant l'envoi que tu dois faire, à Nîmes, à mon ami Levat, et que je te prie d'expédier par le roulage accéléré, en affranchissant le paquet. J'ai regret de terminer par des détails d'affaires et par des ennuis que je voudrais t'épargner, et je ne puis malheureusement t'offrir pour consolation, de si loin, que mes tendres pensées.

VII

Genève, 30 septembre 1851.

J'attendais aussi ta précieuse lettre, par le retour du courrier, et je n'ai pas été déçu. Je me suis transporté, avec toi, en la lisant, dans ces royales allées de Versailles et de Trianon, où la mélancolie de l'automne relève encore celle des souvenirs, et j'ai pensé à bien des promenades qui me rendront ces lieux à jamais chers, parce qu'ils me parlent aussi de toi. Cette lettre est la dernière que tu reçois de Genève. Je compte en partir demain mercredi, pour Turin, où je me rendrai modestement, prosaïquement, par la voiture ordinaire, qui fait le trajet en trente-deux heures. A ce compte, quand tu recevras ces lignes je serai en route. On passe par le Mont-Cenis et Suze ; la scène des Alpes est, dit-on, encore fort belle de ce côté ; mais par un ciel gris, pluvieux, et froid, toutes les beautés sont voilées. Ce qu'on a de mieux à faire, c'est de se rejeter au fond d'une voiture et de s'envelopper de ses pensées qui vous tiennent du moins fidèle compagnie, et qui font vivre, par le souvenir ou l'espérance, dans un monde plus beau que celui qui est fermé aux yeux.

J'ai beaucoup joui, en dépit du temps le plus

maussade et le plus triste qu'on puisse imaginer, de mon séjour à Genève. J'ai fait plusieurs bonnes séances à la Bibliothèque, où j'ai recueilli encore bon nombre de pièces intéressantes pour Calvin et Renée, que je remettrai aujourd'hui entre les mains de M. Vallette qui te les remettra lui-même, à la fin d'octobre, à Paris. J'ai visité cet ami dans la maisonnette qu'il habite en famille, à la campagne, sur ce joli chemin de *Bout-du-Monde* que nous aimions tant. Il est merveilleusement rétabli, quoique la tête encore soit sujette à de fâcheux retours, et il ne reprendra, je l'espère, le chemin de Paris qu'en possession des forces nécessaires à l'accomplissement de son ministère.

J'ai aussi fait deux promenades à Bessinge, la dernière, hier au soir. J'y ai été reçu de la manière la plus aimable. Madame Tronchin est véritablement maternelle, et Madame Naville embellie par le mariage, a eu de ces mots heureux dont on aime à se souvenir. Elle me chargeait, hier, de te dire combien elle aimerait te revoir à Genève, et reprendre les bonnes relations d'autrefois. Son mari est absent pour les travaux d'exploitation de vastes propriétés en Lorraine. Elle est redevenue, en son absence, la simple et douce Marie comme avant. M. Tronchin ne se montra jamais plus affectueux que durant ces trop courtes visites. Il est un peu amoureux, dit-il, d'Olympia qu'il a envoyé à tous ses amis d'Angleterre, et qu'il voudrait répandre en Italie. Il écrit en ce moment à une dame auteur, de Londres, pour lui demander un article, sur mon livre, dans le *Times*. Enfin il porte le plus vif intérêt à mes travaux, et il m'a remis plusieurs billets de recommandation, dont un pour M. Meille, et pour Mademoiselle Calendrini, actuellement dans les *Vallées*, que j'espère voir à Turin.

Avant d'aller à Bessinge pour la seconde fois, j'avais pris une autre route que tu connais aussi, celle de Miolan. Mon arrivée imprévue a été une grande émotion que j'aurais dû ménager peut-être, à Monsieur et Madame Butini(¹), mais l'entrevue a été douce autant que triste. J'ai retrouvé Madame Butini telle que tu l'as connue, avec cette bonté touchante qui ne trouve plus, hélas! à se répandre autour d'elle, et une paix, une sérénité dans la plus profonde affliction, qui tient moins de la terre que du ciel. Elle m'a parlé de toi en termes affectueux. Nous avons aussi parlé de ses deuils; les noms d'Eugène, de Madame Lucile Boissier, si charmante et si aimable, ont été prononcés plus d'une fois. Il ne reste, hélas!

(¹) Monsieur et Madame Butini avaient perdu une fille charmante, Madame Ed. Boissier, qui mourut en Espagne, où elle accompagnait son mari, dans un voyage scientifique.

d'une fille si aimée et si accomplie, que deux enfants presque toujours à Valeyres. J'ai été retenu à dîner à Miolan, quoique je fusse invité à Bessinge où je ne suis arrivé qu'à six heures du soir, et où j'ai trouvé indulgence et pardon pour le retard bien involontaire dont je m'étais rendu coupable. La soirée s'est achevée au coin du feu, à causer d'une manière intime, de toutes choses. Les manuscrits de Lavigny seront explorés, en mon absence, par mon ami Herminjard qui en retirera tout ce qui peut avoir de l'intérêt pour moi.

Voilà quelques détails à ajouter à ceux que tu avais déjà reçus sur mon séjour, dans cette ville que nous avons tant aimée. Tu aurais peine à la reconnaître, aujourd'hui, du moins avant d'y entrer. Les abords ont été complètement bouleversés, les chemins qui conduisaient aux portes du côté de Rive et de Cornavin, n'existent plus, et au lieu de ces routes si bien tracées, s'étendent des terrains vagues qui ne sont le soir que d'affreuses flaques d'eau et de boue, où l'on s'égare au hasard dans la nuit, sans pouvoir arriver à l'entrée de la ville. Ces ruines sont l'image de bien d'autres ruines plus tristes encore, dans l'esprit et les mœurs de cette illustre cité livrée en proie aux barbares.

Dimanche dernier, j'ai passé presque toute la journée chez Madame Rieu, à laquelle les années

semblent donner un charme attendrissant. Le
Salève était beau, avec les nuages sombres qui
couraient sur ses flancs, et les rayons de pourpre
pâle qui ont un instant doré ses crêtes ! Je n'ai
quitté Madame Rieu que bien tard, après une de
ces soirées dont on garde un long souvenir.

J'avais eu le matin un assez long entretien avec
M. Alexandre Lombard qui s'intéresse beaucoup
à mes travaux et à mon voyage en Italie. Il doit
me donner des lettres pour Lucques.

Je n'ai plus maintenant qu'à faire de rapides
adieux à quelques amis, notamment à ceux des
Grottes et des Eaux-Vives. J'ai trop peu vu
M. Merle ; mais les soirées ont été pour la plupart
si affreuses, les chemins si noirs et si fangeux,
qu'avec la meilleure volonté du monde, on ne pouvait se diriger de ce côté. Je reverrai une dernière fois les d'Espine. M. Charles Eynard a
fait, avant-hier, une courte apparition à Genève,
et m'a laissé une lettre pour Monsignor della
Fanteria, vicaire général de l'archevêque de Pise.
Voilà bientôt plus de lettres que je n'en puis porter ! Il me tarde de déposer, une à une, chacune
d'elles à son adresse, et par moments le voyage
d'Italie ne me sourit que comme le premier pas
du retour, d'un trop lent retour à Paris.

Adieu, effeuille quelquefois une marguerite, en
pensant à ton Jules, sans redouter la réponse.

VIII

Turin, 5 octobre 1851.

Ta lettre a été la bienvenue ce matin, et j'en avais besoin pour me consoler des premières impressions de solitude que j'ai ressenties en arrivant dans cette ville. Le ciel était bleu, cependant, et le soleil d'Italie répandait ses chauds rayons sur les places et les palais, quand je suis entré à Turin, mais tout cela ne me consolait qu'à demi, j'avais besoin d'une voix douce pour me dire : ami, je suis là, je vis avec toi par le cœur, et tu n'es pas seul dans ce grand voyage que tu dois continuer longtemps en solitaire.

J'ai quitté Genève, le jour que je t'avais indiqué, par un temps affreux, neige, pluie et vent, qui m'ont fait cortège jusqu'au sommet des Alpes, et tenu compagnie jusqu'au versant italien du Mont-Cenis. J'ai d'ailleurs beaucoup joui de cette traversée des montagnes, que j'ai faite à pied, sur la neige, enveloppé de mon manteau, allant « d'una Casa di Ricovero all' altra » et me reposant au coin du feu de ces bons Savoyards, sous l'âtre fumeux de la large cheminée de famille. Le trajet total de Genève à Turin, qui devait être de trente-deux heures, a été de quarante-huit, c'est-à-dire de deux nuits et deux jours. C'est te dire que je suis arrivé ici passablement brisé de cette longue captivité, dans la cage étroite d'une diligence; mais je n'ai pas tardé à retrouver l'usage de mes membres, et quoique je sente encore par-ci, par-là, quelque douleur, je n'ai pas moins bien employé les deux jours que j'ai déjà passés dans cette ville, et dont je te dois le récit.

Ma première visite a été pour le pasteur des Vallées vaudoises, M. Meille, auquel j'étais adressé par M. Tronchin et annoncé d'avance par divers amis. Il m'a reçu de la manière la plus cordiale, comme me connaissant depuis longtemps par Olympia qu'il avait déjà commencé à traduire, et dont la traduction n'a été interrompue que par la nouvelle du même travail accompli et déjà très avancé, à Genève, par M. de Sanctis (¹). J'avais oublié de te dire que j'avais vu ce dernier, plusieurs fois, durant mon séjour en Suisse, que j'avais assisté, avec le plus vif inté-

---

(¹) Parmi les Italiens réfugiés à Genève pour cause de religion, M. de Sanctis en était l'un des plus distingués. Un examen approfondi de la Bible, étudiée en vue d'un travail de critique religieuse dont il avait été chargé, alors qu'à Rome il desservait l'église de la Madeleine, ébranla sa foi dans ses croyances, et il dut bientôt reconnaître qu'elles n'étaient plus celles de son Eglise. Sa conscience lui fit un devoir de renoncer à la prêtrise. Mais à cette époque d'intolérance, se séparer de l'Eglise romaine, était s'ouvrir les portes de la prison. Il y échappa en passant à Malte, d'où, plus tard, il vint rejoindre les Italiens qui l'avaient précédé dans cette ville de Genève où tant d'autres avant eux, en des siècles de persécution, avaient trouvé un refuge.

rêt, à quelques-unes de ses prédications, et que la veille de mon départ, allant lui dire adieu, je l'avais trouvé occupé, avec quelques amis italiens, à la traduction de mon ouvrage.

Mon entrevue avec M. Meille a donc été fort agréable et ne m'a laissé qu'un seul regret, celui d'apprendre le départ de Mlle Calendrini(1) découragée par le mauvais temps dans les Vallées, et de retour à Genève au moment où j'entrais à Turin. M. Meille est un homme aussi excellent que distingué, avec lequel j'aurai de précieuses relations durant ces quelques jours. Je ne l'ai quitté que pour aller à la recherche de la Bibliothèque de l'Université, des Archives, etc., et remettre quelques-unes des lettres dont je suis chargé. J'ai vu d'abord M. l'abbé Gazzera qui, quoique très occupé dans un Conseil d'Instruction publique, m'a introduit sur le champ à la Bibliothèque, et offert le catalogue des manuscrits où je n'ai rien trouvé de bien intéressant pour moi. Cela n'est pas étonnant, puisque les correspondances historiques de la maison de Savoie sont surtout con-

(1) Mlle Calendrini, sœur de Mme Henri Tronchin, avait longtemps habité la Toscane. Ceux qui l'ont connue à Pise, savent avec quel zèle pieux elle s'occupait des écoles de cette ville. Ses conseils étaient accueillis avec déférence par les institutrices, ses visites avec joie par les enfants, qui s'empressaient autour d'elle et lui baisaient les mains, dès qu'elle apparaissait dans leurs salles.

servées aux Archives royales, où je trouverai un accès facile, grâce à une des lettres de M. Gioberti, et à un mot d'introduction de M. Vulliemin pour le sénateur Cibrario. J'ai déjà vu ce dernier, qui m'a très gracieusement accueilli, ainsi que M. Bertinetti, un des principaux employés du Ministère des affaires étrangères, et c'est demain lundi, que les trésors des Archives d'Etat et des Archives royales seront mis à ma disposition.

J'avais aussi reçu, à Genève, une lettre de nos amis d'Espine, pour un de leurs cousins, M. l'abbé Pilet, précepteur du prince royal de Savoie; mais je n'ai pu encore en faire usage, la famille royale se trouvant à la résidence de Montcalieri, près de Turin. Je tiens cependant à faire cette visite, ne fut-ce que pour donner à l'abbé Pilet des nouvelles de ses parents protestants de Genève et de quelques-uns de ses amis, au nombre desquels se trouve M. Charles Eynard. C'est, du reste, un ecclésiastique d'un caractère très élevé, doué, dit-on, des plus grands talents, et je serai heureux de le connaître avant de quitter cette ville.

Que te dirai-je de Turin et de mes impressions dans la capitale des anciens Ducs de Savoie ? C'est une très belle cité, abondante en palais, en larges rues, en places magnifiques, mais dont la grandeur est un peu monotone, et la régularité sans poésie. Il manque, d'ailleurs ici, quelques-uns de ces monuments qui transportent loin dans le passé, et qui vous font vivre de la vie des siècles qui ne sont plus. On y sent trop la vie moderne, et les palais, les églises, qui s'offrent aux regards, sont dépouillés sous ce rapport, de toute illusion. On ne rencontre, à chaque pas, que brillants officiers en uniforme, abbés en culotte courte et redingote noire, qui semblent errer comme les spectres du passé, dans cette ville émancipée d'hier, et qui se réchauffe, toute joyeuse à ce soleil de liberté, dont les rayons resplendiront un jour, il faut l'espérer, sur toute l'Italie. Que je n'oublie pas de te dire une des plus douces rencontres qui m'étaient ménagées à Turin. Je sortais ce matin de mon hôtel Fœdere, lorsque j'aperçois, ou je crois reconnaître, sur le seuil, la bienveillante figure de M. Evans (¹). C'était bien lui! Juge de notre surprise et de notre joie. Il me conduit aussitôt auprès de sa femme, étonnée aussi. Ils étaient arrivés hier ; ils sont ici pour quelques jours, et il me sera fort agréable de les retrouver, à de certaines heures de la journée, et de compter des cœurs amis dans ce vaste hôtel où je me sentais si seul et si étranger.

(¹) Un généreux Anglais qui visitait chaque année les Eglises des Vallées vaudoises du Piémont, auxquelles il portait le plus vif intérêt.

Je viens d'assister, avec eux, à une prédication française de M. Amédée Bert, dans la chapelle de l'ambassade prussienne, où se célèbre aussi le culte italien des Vallées, en attendant la construction d'un temple bâti aux frais du gouvernement. Je vais retourner tout à l'heure à cette même chapelle, pour assister au service italien, fait par M. Meille. Ce sera pour moi une excellente leçon de langue, et quelque chose de plus aussi, je l'espère, et j'en ai grand besoin. J'achèverai probablement la journée avec Monsieur et Madame Evans, et je commencerai demain les recherches qui doivent m'occuper pendant mon séjour dans cette ville. Je n'en partirai sans doute que lundi pour Milan.

J'achève cette lettre, à la hâte, pour la déposer à la poste avant le départ du courrier.

Reçois mes plus doux adieux et mille amitiés pour nos sœurs.

IX

Turin, 9 octobre 1851.

Tu seras un peu déçue en ne trouvant, sous ce pli, que des documents officiels et quelques lignes à peine de ton Jules. J'espère mieux faire une autre fois; mais je veux t'annoncer dès aujourd'hui, ma grande découverte d'hier, le *Testament de Renée de France* avec une magnifique profession de foi chrétienne, trouvé parmi les liasses poudreuses des papiers d'Anne d'Este, morte, comme tu sais, au château d'Annecy, où ces papiers avaient dû être longtemps conservés, avant d'être déposés aux Archives du royaume, à Turin. C'est là que j'ai retrouvé cet inappréciable morceau qui vaudrait, à lui seul, tout mon voyage. Je vais le copier aujourd'hui; c'est fort long et fort difficile à lire, corrigé et raturé dans tous les sens de la main de Renée.

Adieu, adieu, je suis heureux comme un enfant, et j'ai voulu te faire partager ma joie.

J'ai aussi retrouvé à la Cour des Comptes les registres des *aumônes* de Renée de France, année par année, mois par mois. C'est infiniment précieux. Je t'enverrai le tout, sur du papier très fin, avec le testament.

P.-S. J'espère que tu as reçu le paquet de Madame Burnier, en attendant celui de M: Vallette. Souviens-toi du joli proverbe : « Petit à petit l'oiseau fait son nid ».

J'ai rencontré d'excellents amis dans Messieurs Meille et Geymonat, pasteurs de l'Eglise italienne, et j'ai fait, avec eux, de bien jolies promenades aux environs.

X

Turin, dimanche matin, 12 octobre 1851.

Cette lettre que je commence à t'écrire, avant
d'aller chercher la tienne au bureau de la poste,
ne sera probablement pas la dernière que tu recevras de Turin. C'est te dire que j'ai trouvé, ici,
des documents assez riches et assez nombreux
pour y prolonger mon séjour. Mes travaux sont
terminés aux Archives du royaume, où j'ai recueilli les plus belles pièces ; le testament religieux de Renée, son testament civil, plusieurs
lettres intéressantes, etc., etc., mais j'ai à explorer pendant quelques jours, les Archives de la
Cour des Comptes, où se trouvent, parmi les papiers d'Anne d'Este, les registres des dépenses,
dons, aumônes, voyages de sa mère. Tu comprends quelle mine inépuisable de détails précieux, de particularités intimes, de dates intéressantes, m'offre cette collection dont j'ai déjà
compulsé plusieurs volumes. Rien n'égale d'ailleurs la politesse, l'empressement aimable des
employés attachés aux Archives. Une lettre du
sénateur Cibrario m'a, par enchantement, ouvert
toutes les portes, et il n'y a pas, à cette heure,
dans la ville de Turin, un homme plus heureux
que moi, c'est-à-dire, plus libre d'interroger à loi-

sir, les inappréciables monuments historiques de tout genre, conservés dans cette ville.

Indépendamment des dépôts publics de la Bibliothèque et des Archives, je serai admis à explorer plusieurs collections particulières, notamment celle du Comte César de Saluces, ancien gouverneur du roi actuel, qui possède une des plus belles bibliothèques de Turin, et qui a recueilli les matériaux d'une histoire du duc de Nemours, second mari d'Anne d'Este et gendre de Renée. Il est impossible que parmi ces documents réunis depuis de longues années, ne se trouve pas quelque lettre intéressante pour moi. Le comte de Saluces me livre tout avec une complaisance, une bonté inexprimables. Je l'ai vu hier, pour la première fois, dans sa belle et antique habitation, non loin du château royal de Turin. C'est un vieillard d'une cordialité charmante, d'une politesse exquise, d'une bienveillance que je pourrais dire paternelle, car il m'a plusieurs fois interrompu, dans le cours d'un long entretien historique, pour me serrer la main amicalement, pour me dire tout l'intérêt que lui inspiraient mes recherches, et le plaisir qu'il éprouverait à me recevoir, dans sa bibliothèque, tous les jours. Je dois m'y rendre demain lundi, en continuant cependant mes travaux aux Archives des Comptes, où j'ai déjà recueilli de vrais trésors. Décidément, Turin marquera dans mon voyage, et les jours que j'y aurai passés seraient, dans mes souvenirs, parmi les plus beaux, si je ne me retrouvais constamment seul, au sortir de ces belles recherches dans le passé, s'il ne me manquait une Octavie pour s'associer à toutes mes pensées et prendre la meilleure part de ma vie. Je n'ai pas cessé, du reste, de trouver dans mes relations avec les Evans, avec MM. Meille et Geymonat, les plus douces diversions à mes travaux de la journée. J'ai passé d'agréables soirées chez M. Meille, dont j'apprécie, de plus en plus, l'esprit et le caractère pieux et élevé. Monsieur Geymonat est un jeune homme sortant de l'Ecole de théologie de l'Oratoire, à Genève, plein de foi et d'ardeur, présidant de vastes réunions italiennes, auxquelles j'ai quelquefois assisté, et qui m'ont vivement intéressé.

Turin est le centre d'un mouvement remarquable qui paraît devoir s'étendre du Piémont au reste de l'Italie, dont l'initiative est à Genève, et dont les principaux agents sont des pasteurs des Vallées. Des réfugiés distingués, venus de Florence, de Rome et de Naples, assistent aux réunions, y prennent la parole, s'y expriment quelquefois avec une admirable éloquence. Je les comprends sans trop de peine, malgré la vivacité de leur élocution, et je fais chaque jour quelques progrès dans leur belle langue, sans pouvoir encore la parler.

Je viens de recevoir ta lettre; je l'ai lue et relue, et voudrais la relire encore, mais le temps me manque... Il faut finir cette lettre avant d'aller à la chapelle protestante, et tes charmantes pages me tiendront bonne compagnie, tout le reste du jour.

J'aime à aller me promener, au coucher du soleil, sur une hauteur voisine de la ville, au couvent des capucins *del Monte*, merveilleuse maison, avec une belle terrasse au soleil, d'où l'on aperçoit la ville à ses pieds, le cours du Pô, que je verrai bientôt mourir à Ferrare, et l'étincelante couronne des Alpes colorée des derniers feux du jour. Que n'es-tu là pour jouir de ce beau spectacle! Je suis heureux, du moins, de te savoir bien entourée, visitée quelquefois par des amis, caressée, et même un peu gâtée, en mon absence.

Tu ne me dis rien de ta sœur. Me bouderait-elle de ce que je ne lui ai pas encore donné signe de vie? Cela est vrai, mais en revanche, elle peut m'en croire, j'ai pensé, je pense tous les jours beaucoup à elle. Je ne sais séparer aucune de mes deux sœurs, de l'affection que je te porte.

XI

Milan, 22 octobre 1851.

Tu ne t'es pas trompée, ce n'était pas sans une grande déception que j'avais quitté Turin, privé de la lettre que j'avais attendue, et sur laquelle je croyais devoir compter. Mais après le premier choc je m'étais résigné, et j'avais ajourné mon bonheur à Milan. Aussi à peine arrivé dans cette ville, j'ai couru à la poste, ne jetant en route qu'un regard distrait, sur la merveilleuse cathédrale du Dôme, pour réclamer *ma* ou *mes* lettres de Paris. On ne m'en a remis qu'une, de Nanteuil. Ce n'était pas précisément ce qu'il me fallait ; j'ai insisté pour qu'on revît le paquet, et alors une seconde lettre, d'une écriture plus familière et plus douce à mes yeux, s'est montrée à mon regard, et a été bien vite interceptée au passage : c'était la tienne. Si j'ai eu, en tout temps, la passion des lettres, je t'assure que je suis devenu vraiment féroce sur ce sujet, depuis mon départ de Paris. Aussi, ne m'épargne pas les messages, je t'en supplie, et ne te laisse jamais arrêter par la pensée qu'une de tes lettres pourra être perdue, dans les rapides méandres de mon voyage. Je ne quitte jamais une ville sans passer à la poste, et y donner mon adresse à la ville pro-

chaine. Qu'importe une lettre perdue! et ne vaut-
il pas mieux courir les risques de ce malheur que
de me laisser dix longues et éternelles journées,
sans nouvelles... Ainsi, c'est désormais convenu ;
mon sermon est fini et je puis passer à un autre
chapitre plus intéressant, celui de mon arrivée
dans cette ville.

Je ne cherchais ici que la belle cathédrale, célèbre dans le monde entier, et dont je retrouvais
encore l'éloge dans une lettre italienne de Curione, à Bâle. J'avoue que l'impression de ce monument a dépassé toutes mes espérances. Ce sont
des milliers de statues, des centaines de flèches
gothiques s'élançant dans les airs et formant une
véritable forêt de marbre blanc, que surmonte la
flèche centrale, qui semble plutôt expirer que
finir dans le ciel. Les nuages du matin s'étaient
dissipés, le ciel était bleu, le soleil éclatant, et
tout ce merveilleux édifice était baigné dans la
plus pure lumière. J'en ai fait plusieurs fois le
tour, lisant et relisant mes lettres, distrait et ab-
sorbé tout à la fois, dans ma lecture, et puis j'ai
pénétré dans l'intérieur de l'église.

Rappelle-toi ici, notre émotion en entrant sous
les voûtes de la prodigieuse cathédrale de Strasbourg. J'éprouvais une émotion de la même nature, mais agrandie, élevée, par les magnificences d'une architecture sans égale, et par tous les

prestiges de l'art italien. On serait tenté de croire, en contemplant ces voûtes sublimes, éclairées du jour mystérieux des vitraux aux mille couleurs, qu'il n'y a qu'un tel sanctuaire digne de la Divinité, si l'expérience n'avait appris que l'âme, au lieu de trouver un appui dans ces merveilles de l'art, s'égare dans l'adoration des objets extérieurs, et que le seul culte digne de Dieu, est le culte en esprit et en vérité.

En quittant le Dôme, je suis allé à la recherche de la Bibliothèque Ambroisienne située près de là, dans un beau palais adossé à une ruine. Hélas ! elle était fermée, et les bibliothécaires sont en vacances. Mais l'un d'eux vient en ville tous les deux ou trois jours ; je viens de lui écrire, et j'espère pouvoir consulter, sans trop de retard, le recueil de lettres manuscrites de personnages illustres de la Renaissance, qui me retient dans cette ville. J'ai visité ce matin, avec un *custode*, les curiosités de la Bibliothèque, le fameux Virgile de Pétrarque, avec une note de sa main sur la mort de Laure, le poème de Dante, et des lettres de Tasse, d'Arioste, Galilée... sous verre, ainsi qu'une épître de Lucrèce Borgia au cardinal Bembo, signée Lucrezia Borgia Estense.

J'espère trouver mieux que cette lettre, en fait de curiosités relatives à la maison d'Este, et je ne souhaite qu'une chose, c'est de n'être pas retenu trop longtemps ici, par l'absence des personnes sans lesquelles mes recherches seraient absolument impossibles. J'ai eu, sous ce rapport, bien des déceptions. M. Labus, auquel je suis adressé par M. Raoul Rochette, est absent, mais il reviendra jeudi, m'a dit sa vieille gouvernante. Le jeune comte Porro, neveu du compagnon de captivité de Sylvio Pellico, est à la campagne, près du lac Majeur. M. Raymond Tebaldi, le banquier de nos amis d'Arlesheim, est seul en ville; mais hélas ! un banquier est-il bon à autre chose qu'à donner de l'argent?

Je me console en écrivant des lettres; je viens d'écrire à mon frère et je continue en racontant mes malheurs à ma petite amie, qui m'aiderait à les supporter, si elle n'était si loin !

Adieu, je clos décidément ici ma correspondance, pour aller, au hasard, me promener dans la ville, aux rayons du soleil. Milan est plus vaste que Turin ; mais, si j'en excepte le Dôme, qu'on ne se lasse pas de revoir, et quelques petites églises, on n'y ferait pas long séjour. Peut être ferai-je, çà et là, quelque découverte, mon Valéry à la main. Je vais me diriger du côté de la campagne, et chercher, dans la direction des lacs, quelque cime lointaine des Alpes. J'espère toujours quitter cette ville vendredi, pour prendre la route de Vérone et de Venise, *Venezia la bella,* dont le nom sera bien mérité, puisque j'y trouverai une, peut-être deux lettres de celle que j'aime.

XII

Vérone, 27 octobre 1851.

Cette lettre qui devait porter le timbre de Venise, n'est datée que de Vérone. Tu comprends déjà que j'ai été presque indéfiniment retenu, à Milan, par l'absence des bibliothécaires de l'Ambroisienne et de M. Labus. Enfin, un de messieurs les abbés conservateurs, est arrivé de Monza, et a ouvert l'armoire aux manuscrits, où j'ai pu faire une assez maigre moisson de fragments inédits des correspondances de personnages illustres, ayant passé par la cour de Ferrare. Le règlement de la Bibliothèque interdit la transcription d'une lettre tout entière. Ce même règlement interdit, à jamais, la confection d'un catalogue. C'est te dire l'ignorance des bibliothécaires et la confusion des pauvres étrangers appelés à trouver le fil mystérieux d'Ariane, dans ce labyrinthe de ténèbres entassées, comme à plaisir, autour d'eux.

Enfin j'ai quitté Milan dans la journée d'hier dimanche, non sans avoir fait l'ascension de la merveilleuse aiguille du Dôme, et salué mes

belles Alpes ; non sans avoir eu le plaisir de voir
enfin arriver M. Labus, et de recevoir, de sa main,
une lettre pour le docte Cicogna, à Venise. Je ne
me rappellerai pas, d'ailleurs, sans plaisir, mes
deux entrevues avec le savant antiquaire, auquel
j'étais adressé par une des lettres de M. Raoul
Rochette, à Milan. Imagine-toi un petit vieillard,
plein de feu et de vie, encadré dans une fenêtre
ogivale de sa bibliothèque, au milieu d'inscriptions de toutes sortes, se levant à demi à mon entrée, et me faisant asseoir sur un siège placé vis-à-
vis de lui, de l'autre côté de sa table de travail.
J'obéis, et alors commence un dialogue français,
latin, italien, tout ce que tu voudras, sur mes travaux, sur Paris, la France, l'Italie, que sais-je
encore! le tout animé par la verve intarissable et
la cordialité charmante de mon hôte. Il m'a embrassé sur les deux joues, quand je l'ai quitté
pour retourner le voir encore le lendemain matin,
et prendre congé de lui, avant mon départ pour
Venise. Il m'a remis une lettre, qui ne peut manquer de m'être fort utile à la Bibliothèque de
Saint-Marc, et quelques notes qu'il avait prépa-
rées pour moi, en me souhaitant de la voix la
plus douce, un bon voyage, et en me criant, à plusieurs reprises, sur l'escalier, au revoir Signor,
au revoir !

Tel est le dernier épisode de mon séjour à Milan, que j'ai quitté avec un vrai plaisir. Ce matin, au lever du soleil, nous longions le beau lac de Garde, couronné par les cimes roses du Saint-Gothard, nous franchissions, à Peschiera, le Mincio chanté par Virgile :

« *Mincius et tenera prœtenit arundine ripas* »
et nous arrivions par une route qui serpente à travers des plaines de vignes et de mûriers, à la porte de Vérone. Il me semble que l'Italie, la vraie Italie, n'a commencé, pour moi, que depuis ce moment, dans l'apparition triomphale d'une de ces villes qui vous transportent, comme par magie, dans le passé. J'ai déjà parcouru cette vieille cité, depuis son pont gothique sur l'Adige, orné de créneaux, jusqu'à son amphithéâtre romain et aux prodigieux tombeaux en marbre blanc des seigneurs de la Scala. L'amphithéâtre seul m'a déçu ; les gradins sont d'une merveilleuse conservation à l'intérieur ; mais c'est moins vaste, moins grand, que nos arènes de Nîmes et puis, tu le comprends, mon orgueil de bambin nîmois qui a tant de fois joué sous les arceaux de son amphithéâtre natal, ne pourrait baisser pavillon que devant le Colysée ! Quoi qu'il en soit, je garderai un bon souvenir de Vérone, dont je vais parcourir les environs ce soir, de Vérone où je n'ai entendu ni les lamentations de Dante sur l'exil, ni la mélodieuse romance de Juliette et de

Roméo, mais où j'ai retrouvé de gracieux balcons, délicieusement sculptés dans la pierre, et qui pourraient redire les mêmes dialogues, s'il y avait encore des Roméo et des Juliette pour les répéter.

Demain je serai à Venise; il me semble impossible que je sois si près de cette ville féerique, qui va sortir, pour moi, du sein des eaux, et où j'ai donné rendez-vous aux lettres de tous ceux que j'aime.

Pourquoi ne puis-je t'y retrouver autrement? Ce serait trop beau sans doute! Sois assurée, en tout cas, que de toutes les joies qui me sont réservées dans cette cité du prestige, de toutes les émotions après lesquelles je soupire, il n'en sera pas de plus délicieuse que la lecture d'une de tes lettres.

P.-S. L'ami Sigismond était sur le point de me rejoindre à Milan. La santé chancelante de sa mère le retient. J'irai donc seul au Lido cueillir les fleurs que je lui ai promises.

XIII

Venise, 31 octobre 1851.

Je suis arrivé à Venise, ainsi que je te l'annonçais par ma lettre de Vérone, mardi 28, à onze heures du matin, par une splendide journée.

Le chemin de fer traverse des contrées charmantes, couronnées au couchant par les Alpes du Tyrol, et il longe de délicieux villages perchés sur des cimes éclairées de ce soleil italien, qui colore et transfigure tout. J'ai salué Vicence, avec ses tours mauresques, Vicence, où s'écoulèrent plusieurs années de l'enfance d'Olympia Morata, et où je regrettais de ne pas m'arrêter, à cause de la merveilleuse beauté du site. Plus loin, c'était Padoue, avec ses édifices pressés et ses flèches gothiques, Padoue, où je ferai une halte dans quelques jours, avant de prendre la route de Ferrare.

Enfin nous arrivions au bord de la mer, que l'on franchît sur une prodigieuse digue, travail vraiment digne des anciens.

Venise, avec ses dômes, ses clochers et ses tours apparaissait déjà de loin, comme un nid flottant sur les eaux, et à mesure que nous approchions, elle semblait sortir de la mer, comme par l'effet d'un enchantement. Comment te dire mes impressions quand, assis au fond d'une de ces gondoles noires, qui glissent sur ces innombrables canaux avec la rapidité de l'éclair, j'ai vu se succéder, à mes yeux, ces ponts, ces palais, dont chaque pierre rappelle un souvenir historique. Je croyais rêver en débarquant sur la place de Saint-Marc, devant le palais des Doges et la cathédrale dont les dômes argentés et les couleurs étincelantes, vous transportent sur une place d'Alep ou de Damas. Je ne me réveillai de mon rêve qu'en entrant à l'hôtel *Il Vapore*, où je me suis trouvé en proie à la voracité de mes gondoliers, qui m'ont pillé comme sur un grand chemin. Mais ne fallait-il pas une aventure pour compléter l'illusion de mon rêve, en entrant à Venise?

Ma journée s'est écoulée, tout entière, sur la Piazzetta et la place Saint-Marc, allant de la cathédrale au palais des Doges, du palais des Doges à la colonne de granit qui porte encore le lion ailé de Venise, triste image de sa grandeur passée, dans les jours de sa décadence et de sa ruine. Mais que cette ruine, elle-même, a de grandeur et de poésie!

Je suis monté au sommet de la Tour, d'où l'on aperçoit Venise à ses pieds, les Alpes, la mer et ces îles charmantes dont la plus vaste et la plus fleurie porte le nom du Lido. Le soir, par un beau clair de lune, je me promenais encore autour de ces monuments magiques dont les longues colonnades et les galeries légères, découpées en trèfles, rappellent les palais arabes. Venise, ce n'est plus l'Italie, c'est déjà l'Orient.

Tu n'imagines pas qu'au milieu de ces vives impressions de mon arrivée, je pouvais oublier un instant le but de mon voyage. Oh ! non, tout serait triste à la longue, si je n'avais, pour me consoler d'être toujours seul, les Bibliothèques, les manuscrits et les belles recherches historiques, sans lesquelles les plus grandes villes du monde perdraient, pour moi, tout intérêt.

La Bibliothèque de Saint-Marc occupe la plus belle salle du palais des Doges, avec de merveilleuses peintures de Titien, du Tintoret et de Paul Véronèse. Le conservateur, M. l'abbé Valentinelle, pour lequel j'avais une lettre, était absent et n'est pas encore revenu de vacances ; mais j'ai trouvé, pour me recevoir, un autre abbé, au visage triste et morose, qui ne sait pas un mot de français et auquel j'ai dû exposer, pour la première fois en italien, l'objet de mes recherches. Sur la présentation de ma lettre pour l'abbé Valentinelle et le grand archéologue M. Cicogna, il s'est exécuté d'assez bonne grâce et m'a permis d'examiner les catalogues des manuscrits. J'ai interrogé, successivement, tous les noms qui se rapportent à mon sujet, et j'ai aperçu quelques lettres intéressantes de Peregrino Morato et de Celio Calcagnini. Rien, du moins jusqu'ici, d'Ochino, de Pierre Martyr; de Curione, une seule lettre. Mais j'ai retrouvé plusieurs ouvrages imprimés à Venise, au seizième siècle, très rares, et qui me promettent une belle moisson.

Bref, je consacre tous les jours cinq heures à mes travaux de la Bibliothèque; je me promène, le soir, sous les galeries de la place Saint-Marc ; je me retire entre huit et neuf heures, un peu triste, surtout sur le soir, et je me console par la pensée que mon départ de Venise marquera le premier pas en arrière et sera le commencement, trop lent encore, du retour.

Il est temps de finir ma lettre, en donnant rendez-vous à la tienne, non plus à Venise, mais à Ferrare, où j'espère me trouver le 5 novembre.

XIV

Ferrare, 7 novembre 1851.

J'ai quitté Venise, mardi 4 novembre, par un temps affreux qui avait rendu singulièrement tristes les derniers jours que j'ai passés dans cette ville, et qui n'a pas cessé de m'accompagner depuis. Je me suis arrêté un jour à Padoue, ville assez curieuse, mais que je n'avais guère à cœur de visiter, au milieu des pluies torrentielles qui changeaient ses rues en rivières, et ses places en vastes flaques d'eau.

Le professeur Poli, auquel j'étais adressé, n'était pas encore de retour d'un voyage en Allemagne. J'ai trouvé, du moins, M. Philoxène Luzzato, aimable jeune homme, fort occupé de l'étude des langues orientales, et dont la société m'a valu quelques heures assez douces. Nous avons parcouru la ville, visité les Bibliothèques et assisté le soir à une représentation d'un opéra de Donizetti ; *Nabuchodonosor*, je crois, dont les costumes bizarres et la musique cuivrée m'ont médiocrement charmé. N'importe, j'ai eu un vrai plaisir à trouver un ami à Padoue, et je puis donner ce nom à M. Luzzato, qui me laisse un bon et agréable souvenir.

Le lendemain, je partais de Padoue, espérant faire mon entrée le soir à Ferrare. Hélas! j'avais compté sans la pluie diluvienne qui n'a pas cessé de régner, sans les débordements des rivières et surtout sans les difficultés de passer le Pô qui ressemblait à une vaste mer, et qui n'a d'ailleurs ni pont, ni service de bateaux sérieusement organisé. Il m'a fallu coucher dans une auberge de village, au bord de cet Océan, avec la perspective d'être retenu plusieurs jours, peut-être, sur cet îlot, sans pouvoir atteindre l'autre rive. Le lendemain, cependant, des bateliers se sont offert de transporter, voitures, voyageurs et bagages de l'autre côté. Le trajet a duré quatre heures, avec une pluie glacée qui pénétrait jusqu'à la moëlle des os, et enfin nous avons été déposés dans un *antre* qu'on appelle la douane, où nous avons subi la visite des malles, qui a été

d'ailleurs, il faut l'avouer, assez gracieuse pour
moi. Le même jour, j'étais à Ferrare.

Il faut que cette ville ait un charme tout particulier, pour avoir pu résister aux impressions de
tristesse et de désenchantement que j'avais recueillies sur toute ma route. Je ne l'ai contemplée, cependant, qu'à travers un continuel réseau
de pluie, et je l'aime. Le château des ducs
d'Este, avec ses tours crénelées, ses ponts, ses
galeries, ses fossés remplis d'eau, a un grand air
et une vraie poésie. Je me suis donné le plaisir
de le traverser une première fois, en attendant
celui de le visiter en détails, s'il plaît à Monseigneur le cardinal-légat de m'en donner la permission.

Je suis allé à la Bibliothèque, un des plus
beaux palais de la ville, avec une cour ornée de
statues, de fragments et d'inscriptions antiques,
et grâce à une lettre de M. Cicogna, de Venise,
j'ai trouvé le plus aimable accueil auprès du bibliothécaire, M. le chanoine Antonelli, neveu, je
crois, du célèbre cardinal de ce nom. Il m'a fait
visiter, lui-même, toutes les salles dont se compose la Bibliothèque, à commencer par la superbe
galerie terminée par le tombeau de l'Arioste, et
m'a assuré que tous les ouvrages qui pourraient
avoir quelque intérêt pour moi seraient mis à ma
disposition. J'ai recueilli, dans une collection ma-

nuscrite, un fragment très précieux du testament d'Hercule d'Este, qui laisse, à Renée, la propriété de Belriguardo, à condition « che Illustrissima Madama viva catholicamente e da vera christiana... »

Tu sais que les principaux manuscrits sont à Modène, et que je dois ici consulter principalement les auteurs Ferrarais du seizième siècle, qui composent une superbe collection. Dans la soirée, j'ai visité la ville, en dépit de la pluie, et j'ai salué bien des rues, des places et des monuments amis dont j'ignore encore le nom, mais dont j'admire la vétusté. Telle maison, me disais-je, avec ses marches brisées, son cloître désert, où l'herbe croît librement, a été la demeure d'un de ces illustres lettrés de la cour de Ferrare; telle rue a été, peut-être, habitée par Peregrino Morato, ici passait Olympia Morata, se rendant à la cour.

Ce pèlerinage du soir, à travers les rues d'une ville encore inconnue et les souvenirs du passé, s'est terminé aux premières ténèbres, où je suis rentré à mon hôtel des Trois-Mores, près de la cathédrale, pour y relire *Valéry* et préparer mes travaux du lendemain.

Voilà mes premières impressions dans cette ville, une des plus importantes stations de mon voyage en Italie. Je passerai mes journées, de huit à deux heures, à la Bibliothèque, mes soirées occupé à travailler dans la chambre solitaire de mon hôtel. Si le temps redevient beau, — ce que j'ose à peine espérer — je ferai quelques excursions aux environs qui se composent d'immenses plaines cultivées, à la recherche des villas disparues de Belriguardo et de Conscendoli, ainsi qu'à celle de Mme la comtesse Baratelli. Trouverai-je cette dame? Il ne faut pas trop l'espérer, mais compter sur la société des personnages et des temps passés, pour n'avoir pas trop de déceptions.

Le mauvais temps a été tel, durant cinq jours consécutifs, à Venise, que les lagunes avaient débordé. La place Saint-Marc était changée en lac. J'ai dû renoncer, hélas! à ma belle promenade du Lido et emporter, pour tout souvenir, un brin d'herbe recueilli dans la cour d'un palais désert.

Adieu, je suis triste et j'ai les doigts véritablement glacés. Je sors pour me réchauffer.

O soleil d'Italie qu'as-tu fait de tes rayons?

XV

Ferrare, 12 novembre 1851.

C'est à la Bibliothèque, dans la galerie de l'Arioste, et sous les chauds rayons du soleil qui a recommencé à luire depuis quelques jours, que je t'écris. J'ai reçu hier ton doux message, impatiemment attendu, qui m'a été fidèlement transmis de Venise et qui m'a tenu bonne compagnie, ainsi que l'aimable billet d'Albane.

Mon voyage n'a pas cessé d'être heureux, infiniment heureux dans ses résultats. Mon séjour à Ferrare ne m'aura pas seulement initié à la connaissance exacte des lieux dont je raconte l'histoire, il m'aura fourni une ample moisson de documents puisés dans des ouvrages très rares, et dont la collection ne se trouve qu'ici. Je ne saurais te dire avec quelle bonté, quel gracieux empressement je suis aidé, conduit dans toutes mes recherches, par le bibliothécaire, Monsignor Antonelli, qui ce matin encore copiait pour moi, dans les *Archives municipales*, des pièces qui n'auraient pu m'être communiquées sans son intervention. J'ai retrouvé pour les époques les plus obscures et aussi les plus douloureuses, les plus dramatiques de la vie de Renée, les documents les plus précieux, et je puis suivre son histoire de palais en palais, dans les lieux divers où elle a vécu. Hier, je visitai le château, sous la conduite d'un habile antiquaire, M. Laderchi, qui m'expliquait les époques diverses de sa construction et me montrait les belles peintures, hélas! à demi effacées, qui rappellent son antique splendeur. Je ne me lasse pas d'errer autour de cette magnifique demeure des ducs d'Este. Je visite surtout la belle et mélancolique rue *delli Angelli*, bordée de palais déserts, de portiques à demi écroulés, envahie par l'herbe des champs, mais où respirent encore les plus poétiques souvenirs du siècle que je dois faire revivre. Ferrare est certainement, dans sa solitude et sa tristesse, une des plus intéressantes cités de l'Italie. Combien j'aurais perdu à ne pas la visiter, et que de lumières, que d'inspirations, la connaissance exacte de ces lieux va répandre sur mon ouvrage!...

La nuit me surprend, quelquefois, au milieu de ces courses solitaires, et je regagne en toute hâte, par des rues silencieuses et obscures, le quartier que j'habite près de la cathédrale. L'autre soir, je m'étais perdu, et tous mes efforts ne servaient qu'à m'égarer davantage. Il était nuit noire, et les faubourgs ne sont pas éclairés; je rencontre un enfant auquel je demande mon chemin, avec une inquiétude secrète, à cause de l'heure avancée. Il me conduit, à travers mille détours, jusqu'aux abords de la cathédrale. Je le remercie en lui offrant une belle pomme et quelques pièces de monnaie. Je lui demande son nom, et il me répond de sa voix la plus douce, en s'enfonçant de nouveau dans les rues sombres

que nous venions de parcourir : « Grazie, Si-
gnore. Io sono Angelo Medici !... »

Enfin, tu seras heureuse de savoir que j'ai ici
trouvé des amis, dans le sein d'une famille à laquelle j'étais recommandé par une lettre d'Arlesheim. J'ai vu la comtesse Baratelli, femme charmante, spirituelle, dont le souvenir sera un des
meilleurs de mon voyage en Italie. Son mari,
d'une obligeance et d'une bonté parfaites, m'a
introduit au Casino, Société de seigneurs romains,
où je lis le soir l'*Illustration*, la *Semaine* et le
Journal des Débats. Il doit me conduire, en voiture, aux ruines de la belle villa de Belriguardo,
située à dix milles de Ferrare.

.Adieu, l'heure me presse, et je termine à la
hâte, au sortir de la Bibliothèque, cette lettre que
je veux jeter à la poste avant le départ du courrier. Les distances, maintenant surtout, sont si
lentes à franchir !

Les lettres, pour l'étranger, ne peuvent partir
qu'affranchies jusqu'à la frontière des Etats romains. Je l'ignorais en arrivant, et je me suis
contenté de jeter ma première lettre, du 7 novembre, à la boîte. Elle y est restée jusqu'au 12.
Juge de ma stupeur en apprenant, par hasard,
qu'elle n'était pas partie et que ma seconde lettre
aurait eu le même sort, si je n'avais été averti
de la nécessité de l'affranchissement.

N'hésite pas à partir pour Nimes, puisque mon père t'y invite. Nous serons là mieux que partout ailleurs, pour décider ce que nous aurons à faire par la suite, et la pensée de te retrouver quelques heures après avoir remis le pied sur le sol de la France, après une si longue séparation, est pour moi d'une douceur infinie.

XVI

Modène, 24 novembre 1851.

Tu connais maintenant tous les détails de mon séjour à Ferrare, et je n'ai qu'un mot à y ajouter pour te dire que, comblé jusqu'au bout des bontés de Monsignor Antonelli, de la famille Baratelli et des personnes que j'avais rencontrées au casino, j'ai quitté cette ville de mes rêves, et aujourd'hui de mes meilleurs souvenirs, samedi 22, pour me rendre à Bologne. Je me réjouissais de visiter cette cité, une des plus illustres de l'Italie, par ses monuments, ses palais, son musée, mais, hélas! j'avais compté sans le voisinage de l'Apennin, et sans la neige dont les épouvantables tourbillons m'ont assailli dès le soir même de mon arrivée. Je renonce à te décrire ma journée du dimanche, qui comptera désormais parmi les souvenirs néfastes de ma vie, puisqu'en ce jour, j'ai vidé jusqu'à la lie la coupe amère des voyages, et que j'ai cru expirer de tristesse, d'accablement, d'abandon et d'ennui!... de telles choses ne se racontent pas! Enfin, j'ai quitté Bologne, à travers les rafales de pluie glacée, les flots amoncelés de boue et de neige, pour me diriger sur Modène, où, grâce à l'éloignement des montagnes, j'ai retrouvé un ciel plus doux, un peu de soleil. A peine débarqué, tu le devines, j'ai couru à la poste. Trois lettres! Deux de Paris, une d'Arlesheim, douce, aimable et tendre comme tous les messages fraternels signés du double nom de Sigismond et d'Achille, mais je ne me consolais pas, ô mon amie, en relisant tes pages si touchantes, à la pensée qu'à l'heure encore où tu les avais écrites, tu n'avais rien reçu ! Que devais-tu penser de moi? et cependant, dis, étais-je coupable? T'avais-je oubliée? et la date de toutes mes lettres, trop rares encore pour le cœur qui les a dictées, n'est-elle pas une réponse aux tristesses, aux inquiétudes de ton cœur.

J'ai parcouru la ville, après m'être longtemps entretenu avec toi par la lecture de tes lettres, et j'ai cherché le palais où se trouve aussi la Bibliothèque. C'est un magnifique monument qui compose à lui seul, avec une place et deux ou trois rues avoisinantes, toutes les curiosités de Modène. La Bibliothèque était déjà fermée. Je suis allé à la recherche de l'abbé Cavedoni... J'ai sonné vainement à sa porte, non sans un battement de cœur dont tu devines la nature. Il était sorti. J'ai presque respiré à la pensée que je le verrais seulement demain, quoique cette entrevue n'ait peut-être plus l'importance que j'y avais d'abord attachée. Les Archives des ducs d'Este, autrefois confondues avec la Bibliothèque, en sont aujourd'hui détachées, et forment un établissement à part, mystérieux, à peu près inaccessible, sous la direction du grand chambellan et du Duc lui-même. J'ai une lettre de Ferrare pour le secrétaire du Duc; j'en avais une aussi du sénateur Cibrario, de Turin, pour le marquis Campori, aimable et charmant jeune seigneur, bien vu à la cour, que je viens de visiter tout à l'heure, et qui a lu depuis longtemps mon *Olympia*, Son premier mot a été : « Etes-vous l'auteur d'*Olympia Morata* ? Je l'ai fait venir de Paris et nous serons en bonne connaissance. »

Nous avons eu le plus cordial et le plus charmant entretien. Il doit venir me chercher demain pour me conduire à la Bibliothèque, où sont d'intéressants documents, particulièrement un livre d'Heures qui a, dit-on, appartenu à Renée de France, avec quelques peintures satyriques dirigées contre le pape. Mais les plus précieux documents sont aux Archives, et le marquis Campori ne m'a pas dissimulé les impossibilités qu'on m'avait déjà fait prévoir à Ferrare, et qu'il a lui-même essuyées, à propos de recherches historiques dont il est occupé touchant l'Eléonore du Tasse. Serai-je plus heureux que lui? Je ne dois pas trop l'espérer. Toutefois, nous essaierons, m'a-t-il dit, et en tout cas, mon séjour ici ne sera pas perdu.

Résigne-toi à ne savoir rien de plus aujourd'hui, et à n'apprendre que dans quelques jours si j'ai réussi, par quelque miracle de diplomatie, à éluder les difficultés. Si je devais échouer, j'ai déjà éclairci tant et tant de mystères, à Ferrare, que je me résignerais plus aisément, mais le mot de résignation me coûte à écrire et j'aime mieux le remplacer encore par celui d'espérance.

Ecris-moi une lettre, poste restante à Pise, où je serai vers le 8 décembre. Il me sera doux de la lire dans ce Campo-Santo, où tu as autrefois rêvé un Jules meilleur que celui qui t'a été donné pour mari, meilleur, mais non plus tendrement attaché à son Octavie.

XVII

Modène, 2 décembre 1851.

Me voici encore à Modène, avec une inexprimable impatience d'en partir, et retenu cependant par le désir d'obtenir au moins quelques communications des Archives. Ma première demande au Duc, présentée par son secrétaire, **ne m'a valu qu'un refus poli**. On m'a engagé à présenter une seconde requête, moins explicite que la première, par l'organe du ministre des affaires étrangères, et j'attends... sans presqu'aucun espoir, mais ne pouvant me résigner à partir, tant qu'il me reste la moindre lueur d'espérance.

Tu ne saurais te figurer le régime de cette pauvre ville de Modène. On ne peut y lever le pied sans permission, et la moindre communication, même à la Bibliothèque, doit être autorisée par le bon plaisir du gouvernement. M. l'abbé Cavedoni est la timidité personnifiée, bon homme au demeurant, dont je m'étais fait la plus fausse idée; mais je me suis bien gardé de lui présenter la lettre Raoul Rochette qui m'aurait fait fermer, tout net, la porte des manuscrits. Je me suis contenté d'une introduction générale de M. l'abbé Gazzere, de Turin, et j'ai pu, en compagnie de l'aimable marquis Campori, qui souffre plus que moi de toutes ces entraves, m'installer à la Bibliothèque, quand elle n'est pas fermée en l'honneur de quelque saint, pour y faire d'intéressants extraits de diverses histoires inédites de Ferrare. Mon séjour ici, m'a valu la découverte de quelques documents importants, mais je ne dois pas me dissimuler que les pièces les plus précieuses, si elles existent encore, sont aux Archives. Il faut attendre des temps meilleurs et se consoler de ces mécomptes, par la pensée des belles découvertes qui ont marqué mon passage, dans presque toutes les autres villes de l'Italie.

Mon séjour à Modène est d'ailleurs moins solitaire et moins triste que je ne devais le supposer. La société du marquis Campori, aussi aimable que savant, est pour moi une jouissance infinie. Il m'accompagne à la Bibliothèque, me propose de jolies promenades quand la séance est finie, ou bien me communique, dans sa bibliothèque, d'intéressants documents qui ne se trouveraient pas ailleurs. Il est possesseur d'une collection d'autographes de personnages illustres du XVIe et du XVIIe siècle, dont on évalue la valeur à un très haut prix, et dont il fait les honneurs, avec une grâce parfaite, aux étrangers. J'ai tort d'écrire ce mot, car je ne suis plus un étranger pour lui, et son amitié sera un des plus doux souvenirs, un des meilleurs fruits de mon voyage en Italie.

J'ai aussi trouvé dans la famille d'un excellent avocat, M. Cassiani, l'accueil le plus affectueux. C'est dans son salon, au coin du feu, que je passe familièrement la soirée, causant en français, en italien, et jouissant beaucoup de l'esprit d'une de mes interlocutrices, fille de M. Cassiani, qui a composé de charmantes poésies italiennes dont elle m'a fait gracieusement hommage.

La prolongation de mon séjour à Modène entraînera nécessairement un léger retard dans moñ arrivée à Nimes. Je ne puis absolument traverser Florence sans m'y arrêter au moins huit jours. Après Florence, je dois visiter Pise et Lucques, huit jours encore pour ces deux villes réunies, et puis le départ. Oh! je voudrais avoir des ailes pour franchir l'Apennin et la mer! mais, hélas! je n'en ai pas et les voyages sont si lents. Imagine que je dois retourner à Bologne pour aller à Florence, et puis les montagnes sont couvertes de neige.

Il faut se résigner à tous ces contre-temps dont je ne serai consolé qu'à Nimes, en t'y retrouvant près de mon père.

Adieu, pardonne la tristesse de cette lettre.

XVIII

A Monsieur Pierre Bonnet, à Nimes

Florence, 11 décembre 1851.

Cher père, je suis arrivé ce matin seulement à Florence, et c'est le cœur navré des nouvelles de Paris que je t'écris, à la hâte, ces lignes. Je lisais ta lettre comme une consolation, et j'y trouve la mort de mon oncle. Cher et excellent oncle, je l'aimais profondément dès l'enfance. Il avait toujours été si bon pour nous ; j'espérais le revoir encore sur cette terre, et Dieu, en le rappelant à lui, en a décidé autrement. Que son nom soit béni, jusque dans tous nos déchirements de cœur, et dans toutes nos épreuves ici-bas !

Je connaissais vaguement, en quittant Modène, les tristes évènements de Paris. J'ai trouvé de nouveaux détails à Bologne, et je viens de lire ici, les *Débats*, jusqu'au six. Triste et désolante lecture !... Notre pauvre pays est donc condamné à être le jouet de révolutions perpétuelles. Que de sang versé déjà dans ces fatales journées, et qui peut dire que la dernière goutte ait coulé et que des temps de calme, de prospérité, de liberté, renaîtront jamais pour notre malheureuse patrie.

Tu comprends qu'il est impossible de s'occuper de recherches et de travaux historiques avec la fièvre qui me dévore, et cependant je ne puis me décider à quitter encore Florence. Je viens d'écrire à Pise pour me faire envoyer les lettres d'Octavie qui m'attendent, sans doute, dans cette ville. Sa dernière lettre est du 30.

J'écris à la Calmette, au sujet de la mort de mon excellent oncle. Je ne saurais assez te dire le chagrin que j'en éprouve.

XIX

A Madame Jules Bonnet

Florence, 17 décembre 1851.

Je t'écris ces mots à la hâte, sans attendre ta réponse à mes lettres du 11 et du 13 ([1]), pour te supplier de ne pas quitter Paris, même avec une bonne occasion, avant que les troubles des départements ne soient complètement apaisés. Je lis, dans les journaux, d'affreux détails sur les excès commis dans l'Hérault, le Var, la Drôme, et quoique Nimes soit encore pur de ces excès, qui peut dire qu'elle n'aura pas bientôt aussi sa triste page, dans l'histoire de ces derniers jours !

J'ai lu, avec effroi, le récit des troubles survenus à Crest, et j'espère que tu es déjà rassurée sur le sort de nos amis.

Mais, hélas ! en quel temps vivons-nous, que l'on soit réduit à trembler chaque jour pour ceux qu'on aime ! Je n'ai pas reçu une ligne de mon père depuis le 2 décembre. Les lettres du Midi, au lieu d'arriver par la Méditerranée, vont passer à Lyon et Turin, et il faut se résigner, à cause des neiges, à attendre plus de huit jours une lettre qui franchirait en vingt-quatre heures la distance qui sépare Livourne de Marseille.

([1]) Ces lettres manquent.

Je me suis décidé à passer les fêtes de Noël à Florence, et je désire que tu puisses les passer auprès des tiens. Je ne veux pas même te presser d'arriver à Nimes pour le 1ᵉʳ janvier, parce que j'ignore si tu trouveras une occasion favorable, si les temps seront meilleurs et, quelle que soit mon impatience de te revoir, il faut écouter la voix de la prudence qui t'interdit toute pensée de départ, avant l'entier apaisement des troubles qui déchirent notre malheureux pays.

J'ai commencé mes travaux dans les Bibliothèques, où j'ai vu quelques ouvrages rares, et j'ai obtenu la permission de consulter les Archives de Médicis, où je trouverai, sans doute, d'intéressants documents dans la correspondance des ambassadeurs florentins à Ferrare.

Je passe presque toutes mes soirées auprès de la famille Méjean, qui m'a déjà procuré le plaisir de connaître presque tous les membres de la colonie française de Florence.

Rien ne manquerait à l'agrément de mon séjour dans cette ville, si les nouvelles de France ne venaient me déchirer le cœur, et ne me faisaient un devoir d'ajourner encore le moment si impatiemment attendu de notre réunion.

J'espère avoir demain ta réponse à ma lettre du 11, retardée *seulement* de cinquante-neuf heures, si elle m'arrive par Pise. Celle-ci, j'espère, t'arri-

vera avant toute détermination de départ. Jouis
de ces derniers jours passés près de ceux que tu
aimes. Il vaut mieux, tout bien réfléchi, que je te
précède à Nimes et que je prépare tout pour t'y
bien recevoir.

XX

Florence, 20 décembre 1851.

C'est dans la galerie des Offices, avec la perspective des vieux palais de Florence, de son
beffroi léger et des statues qui le décorent, à demi
effacés dans le brouillard, que je t'écris à la hâte
pour que ces lignes t'arrivent le jour de Noël et
que nous ne soyons pas trop séparés, au moins
en esprit, dans ces belles et douces fêtes que
j'aurais été si heureux de passer avec toi. J'étais
loin de soupçonner, en prenant la route de Florence, que je trouverais d'aussi riches et d'aussi
nombreux documents dans cette ville. Grande a
donc été ma surprise et ma joie, quand je me
suis vu en présence de magnifiques volumes de
lettres autographes du XVIe siècle, et que j'ai
salué l'écriture bien connue de Renée, dont j'ai
recueilli déjà les plus précieuses pages datées de
Ferrare et de Montargis. Il fallait cette agréable
surprise pour me consoler de la prolongation forcée de notre séparation, consolation bien impar-

faite et qui ne laisse pas de me faire soupirer après le jour de notre réunion, sous le toit paternel, à Nimes.

Je suis encore privé de lettres de mon père, depuis le 2 décembre. Je lui ai annoncé que tu passerais les fêtes de Noël et du 1er janvier à Courbevoie, et que je te précéderais auprès de lui. Cela nous permettra de faire quelques préparatifs pour te recevoir, et surtout d'adoucir, par des procédés efficaces, la température un peu sibérienne de notre futur intérieur. J'ai beaucoup souffert du froid pendant mon voyage, réduit à travailler durant de longues heures d'immobilité, dans des galeries glacées; j'espère avoir un peu moins à souffrir, sous ce rapport, à Nimes, et je rêve une température de serre chaude pour moi et pour une frileuse habituée, sous le ciel du nord, à l'éternel printemps d'un salon qui ne la suivra pas, sous un ciel plus brillant, mais non plus doux.

Mes précédentes lettres t'auront sans doute initiée à ma vie nouvelle de Florence. Nulle part, je n'ai trouvé des cœurs plus amis, une plus gracieuse hospitalité. Mes soirées étaient auparavant un terrible fardeau; ici, je suis quelquefois embarrassé du choix entre plusieurs invitations également aimables, et auxquelles je voudrais pouvoir répondre à la fois.

Il y a dans cette ville, outre plusieurs familles françaises agréables, des dames anglaises et américaines que je m'étonne d'avoir sitôt connues ; mais mes plus douces relations sont celles qui me ramènent chaque jour auprès de Mme Méjean et de l'aimable pasteur, M. Colomb. J'ai fait hier, avec ce dernier, une promenade de botaniste aux environs de Florence. Ce sont de gracieuses collines, des cimes pittoresques couvertes de pins et de cyprès, ornées de villas et de couvents, avec de ravissantes perspectives sur la ville, ses dômes, ses tours et les neiges lointaines de l'Apennin. J'aimais à suivre de l'œil le cours de l'Arno, jusqu'aux brumes, à travers lesquelles le regard de l'imagination me laissait entrevoir les poétiques cités de Pise et de Lucques. J'achevai la soirée auprès de la famille Wagner, en lectures et en jeux innocents.

Mme Méjean prépare pour ses enfants — quatre jolies petites filles et un garçon de onze ans, nommé Jules, comme moi, — un arbre de Noël. Je serai de la fête et je suis déjà dans le secret de toutes les surprises réservées pour cette grande soirée. Elle sera sans doute la dernière de mon séjour à Florence. Je me propose de partir le lendemain 26, pour Pise et de là pour Lucques, en suivant le poétique itinéraire que me trace une de tes lettres, et j'espère pouvoir m'emarquer le 30 à Livourne, pour Marseille et Nimes. Puisses-tu m'y suivre de près.

C'est donc à Nimes que tu dois m'adresser ta prochaine lettre. Elle sera là pour me recevoir à mon entrée dans la maison paternelle, comme j'y serai moi-même pour t'y accueillir le jour de ton arrivée.

Oh! que ce jour me paraît encore loin et que le temps est long, malgré les distractions des amitiés dont je jouis à Florence!

Tu ne saurais croire combien je suis heureux d'avoir trouvé ici des âmes pieuses, des relations fraternelles, une église et un pasteur. Il me semble que je célébrerai cette fête de Noël, avec un cœur plus reconnaissant et qu'elle sera de celles dont on aime à se souvenir, comme d'un jour de rafraîchissement et de bonheur, après les aridités et les tristesses d'un long voyage.

Je voudrais encore prolonger cet entretien, et il faut le terminer pourtant, avant le coup de quatre heures qui clôt impitoyablement la boîte. Adieu donc, que notre Dieu te garde et nous réunisse bientôt l'un à l'autre.

XXI

Florence, 26 décembre 1851.

Décidément tout conspire à retarder mon départ de Florence. J'espérais quitter cette ville au

6

lendemain de Noël, et voilà que Bibliothèques et Archives fermées depuis trois jours, m'obligent à attendre encore samedi pour revoir, une dernière fois, de précieuses collections manuscrites, où j'ai trouvé, avec de nombreuses lettres de Renée, la correspondance des ambassadeurs florentins à Ferrare, contenant les plus intéressantes relations sur les sentiments religieux de la duchesse, les persécutions qu'elle eut à souffrir, etc., etc.

Tu comprends, mon amie, qu'on ne se résigne pas à laisser derrière soi de tels trésors. Je ne partirai donc que dimanche soir ou lundi matin pour Pise, et si je ne trouve rien aux Archives de Lucques, je compte m'embarquer mercredi, à Livourne, sur un paquebot qui me déposera, en vingt-six heures, à Marseille, sans voir Gênes!

En sorte que lorsque tu recevras ces lignes, je serai peut-être sur mer, bien près d'arriver à Nimes, mais hélas! sans t'y trouver.

Ceci n'est pas un reproche, et je comprends trop bien que ton départ était impossible par les mauvais jours que nous venons de traverser, pour ne pas me résigner à passer quelque temps sans toi, auprès de mon père. Mais tu ne tarderas pas, sans doute, à venir me rejoindre, et il me semble que notre bonheur ne peut plus être longtemps ajourné, dès que j'aurai touché le sol de la France.

En attendant, jouis des dernières heures passées à Courbevoie; jouis des affections qui t'entourent et que la pensée de ton Jules t'apparaisse
souriante et douce, parmi les plus souriantes
pensées de ce jour, triste et solitaire pour moi,
mais adouci du moins par une espérance qui sera
bientôt la plus charmante des réalités; notre réunion sous le toit paternel.

Tu sais d'avance comment s'est écoulé, pour
moi, cette soirée de Noël, auprès de la famille
Méjean, parmi les jeux, les transports, les cris
joyeux des enfants ravis du bel arbre, aux fruits
merveilleux, dont l'excellent oncle Rey avait été
l'ordonnateur. J'ai passé la soirée du lendemain
auprès du pasteur Colomb, dont la fille aînée est
l'intime amie des jeunes dames du Chatelard..
Tu devines le charme de nos entretiens qui nous
transportaient, tour à tour, à Montreux, à Lausanne et à Arlesheim. J'ai fait, avec cette aimable
famille, plusieurs promenades dans les environs
de Florence, et j'ai regretté de faire sans elle une
excursion plus lointaine, au monastère de Fiesole, où je recherchais les traces de Pierre Martyr. C'est une admirable colline, en forme de
pyramide plantée de pins et de cyprés, avec de
ravissantes perspectives sur la ville, l'Arno et les
Apennins. Par un ciel bleu et un chaud soleil,
comme celui de ces derniers temps, c'est un

paysage vraiment oriental J'emploie ces jours d'oisivité forcée, à visiter églises et couvents, admirant les fresques de Fra Angelico et les splendides toiles d'André del Sarto. J'ai visité aujourd'hui le couvent de Saint-Marc et salué la petite fenêtre de la cellule de Savonarole. Tous ces souvenirs se gravent dans ma mémoire, et se retrouveront à leur heure, quand le moment d'écrire cette partie de mon ouvrage sera venu. Je ne saurais te dire combien je suis impatient de me retrouver au travail, près de toi. Cette espérance me tient lieu de tout en ce moment; elle brille, comme une étoile, parmi les tristesses qui se mêlent à toutes mes joies et qui m'oppresseront plus vivement, quand je serai seul, dans cette longue traversée entre Pise, Livourne et Marseille.

Adieu, qu'il nous soit donné de savourer bientôt les douceurs de la réunion et qu'il te soit donné, par mes mains, tout le bonheur dont je voudrais te voir jouir ici-bas.

XXII

Pise, 1er janvier 1852.

C'est sans doute à Pise que tu m'as placé au 1er janvier, malgré les incertitudes de ma dernière lettre, et c'est en effet de Pise que je t'écris ces pages, dans une chambre de l'hôtel de l'Europe, donnant sur Long-Arno, à peu de distance de la maison que tu habitais, il y a déjà bien des années, et que j'ai pieusement contemplée en souvenir de toi et des meilleurs jours de mon passé.

J'arrivai ici lundi soir, de Florence, par un merveilleux clair de lune qui se réfléchissait dans l'Arno et voilait à demi, de sa lumière, la courbe gracieuse des quais. Le lendemain, par une brillante matinée, je visitais le Campo-Santo.

J'allais du Dôme au Baptistère, du Baptistère aux vieux remparts qui entourent cette promenade, unique au monde, de leur poétique enceinte. J'admirais la Tour penchée, aussi blanche et aussi pure, avec ses couronnes élégantes de colonnes de marbre, que si elle venait de jaillir du sol. Je plongeais un regard curieux et mélancolique sous les galeries du cloître où dorment tant de poussières, et je ne saurais te dire de quelles impressions j'étais saisi. Je vivais, à la fois, dans le présent et le passé ; je ne me lassais pas d'errer autour de ces poétiques monuments, sur cette place si calme et si recueillie ; puis assis au soleil, sur l'escalier du Dôme, je te contemplais errant sur ces pelouses, plus jeune d'années, mais non de cœur ; presqu'enfant, mais déjà mon Octavie, et je ne me réveillai de mon rêve que pour me retrouver seul, à trois cents lieues de celle que j'aime, et soupirant après le retour qui ne sera pas encore la réunion.

Ma première visite fut pour M. Ceramelli, pour lequel j'avais une lettre de Mlle Calendrini. Je le trouvai retenu au lit par la grippe, mais je ne saurais te dire avec quelle cordialité charmante il me parla de toi et des tiens, et de ces belles soirées dont le souvenir ne s'effacera jamais de son cœur. Je ne le quittai qu'avec une invitation à dîner pour ce même jour, et tu devines que ce dîner s'écoula, tout entier, en délicieux entretiens dont tu occupais la meilleure part. C'étaient de continuelles questions sur chacun des membres de cette colonie étrangère de Pise, aujourd'hui dispersée, et jamais heure ne s'envola plus rapidement que celle de cet heureux dîner de souvenirs. M. Ceramelli est un homme excellent ; je l'ai revu ; je le reverrai encore plus d'une fois, car je sens que je l'aime. Il m'a chargé de ses plus cordiales salutations pour celle qu'il appelle encore un peu Mlle Octavie.

Hier, je prenais le chemin de Lucques, admirant les sites poétiques qui se déroulent, tout le long de la route, aux yeux des voyageurs, saluant, hélas ! sans pouvoir m'y arrêter, la tour solitaire de Ripa Fratta, sur la colline d'oliviers et de pins, et prévoyant trop peu le mécompte qui m'attendait au terme de mon voyage. Impossible de consulter les Archives, sans une autorisation du ministre de l'Instruction publique à Florence! Le coup était rude. Je me résignai à écrire, et j'attends la réponse. Je me consolai en visitant la jolie ville de Lucques, ses promenades, ses églises, sous la conduite d'un savant très aimable du lieu, M. Charles Minutoli, et me voici de retour à Pise, où j'avais d'ailleurs laissé mes effets, comptant y revenir, en tout cas au plus tard, le lendemain.

Mais mon départ pour Marseille est ajourné, et je ne monterai, sans doute, sur le bienheureux paquebot qui doit me ramener en France, que mercredi 7 janvier.

J'espérais aujourd'hui faire la promenade que tu m'as tant recommandée, aux *Cascine*; mais le ciel s'est obscurci tout à coup; il pleut... et je t'écris!

J'ai trouvé ici une dame anglaise, Mme Young, passionnée pour Aonio Paleario dont elle veut écrire l'histoire, et possédant une collection d'ouvrages fort curieux dont je fais des extraits. Je dois passer la soirée chez elle, avec plusieurs professeurs de l'Université. Demain, je m'installerai au milieu de ses vieux livres; quelques-uns sont fort intéressants pour moi. Samedi, au plus tard, j'aurai sans doute ma réponse de Florence. Lundi et mardi, séances de travail, à Lucques; mercredi, s'il plaît à Dieu, départ.

Voilà quelques mots, et bien à la hâte, qui te seront doublement agréables, venant de Pise. Cette ville m'a fait une impression charmante, et aucune de celles que j'ai déjà visitées ne m'a offert une plus poétique réunion de monuments remarquables sur une même place. Je retournerai plus d'une fois au Campo-Santo, que j'aime pour ses souvenirs historiques, pour sa poésie de solitude, que j'aime aussi pour les mystérieuses traces que je crois y retrouver, çà et là, d'une petite personne...

Adieu, mes meilleures pensées de ce jour sont pour toi.

XXIII

A Madame Jules Bonnet,
      à Herrenalb (Wurtemberg.)

Gotha, 3 juillet 1852.

Tu ne seras, sans doute, pas peu étonnée en recevant une lettre datée de Gotha, mais le courage m'a manqué avant d'arriver à Cassel, et je me suis détourné sur Eisenach, Gotha, Erfurt, Weymar, d'où je remonterai à Wolfenbüttel,

sans savoir encore le chemin du retour. Imagine
que le jour de notre séparation, je ne pus aller
que jusqu'à Giessen, c'est-à-dire à moitié chemin
de Cassel. Le train de trois heures, à Francfort,
n'allait pas plus loin, et il fallut se résigner à
passer la soirée et à coucher dans une méchante
petite ville, où je ne pus trouver âme vivante
pour échanger un mot de français. Il n'en fallait
pas tant pour me faire changer tous mes plans ;
tu sais que déjà la route de Cassel branlait au
manche, aussi, arrivé à Guxagen, point de séparation des deux routes, je me précipitai, c'est le
mot, hors de mon vagon solitaire et réclamai à
grands cris mes effets, je ne sais trop dans quelle
langue. Heureusement que je fus compris, ou
plutôt deviné, et que l'on daigna me déposer, avec
armes et bagages, en même temps que les autres
voyageurs. Nous n'attendîmes pas longtemps et
le train d'Eisenach, arrivant à toute vitesse, me
déposa quelques heures plus tard dans cette
charmante petite ville, où tout devait être enchantement.

Le ciel était radieux, le soleil brillant; je
me fis indiquer le sentier qui conduit à la Wart-
burg, et par des chemins délicieux à travers les
bois, je parvins au donjon illustré par le souvenir
de Luther. Comme château, c'est peu de chose,
quand on a vu surtout le merveilleux château

d'Heidelberg; mais comme site, c'est peut-être supérieur. Le regard plonge sur un immense horizon de montagnes, de rochers, de forêts, et la poésie de l'histoire se mêle encore à celle de la nature, quand on visite la chambre de Luther, sa chapelle, et que l'on monte sur la vieille tour d'où tant de fois il dut contempler le soleil couchant derrière les montagnes de la Thuringe.

Le site n'a pas changé, l'homme seul a disparu, ou plutôt on croit le rencontrer à chaque pas, tel que le représente son ami Lucas de Kranach dans un superbe portrait suspendu aux vieux murs de sa chapelle. Je t'assure que je te regrettai infiniment dans cette promenade qui aurait égalé, surpassé peut-être, le charme de celle d'Heidelberg, Kœnigstuhl excepté! si je n'avais été seul.

Le lendemain samedi, par le convoi d'Eisenach à Gotha, j'arrivai dans cette dernière ville à sept heures du matin. Je me rendis chez le libraire Andreas Perthés, et à dix heures j'étais installé à la Bibliothèque. La collection de manuscrits de la Réforme, en trois ou quatre volumes, est superbe et contient les lettres les plus intéressantes pour moi. Celles de Calvin ont été publiées par Bretschneider, mais elles sont pleines de fautes, et puis à côté des lettres de Calvin, il y a de belles lettres de Curione, du ministre François de Morel, aumônier de Renée, de Renée elle-même, et de plusieurs personnages mêlés à son histoire. J'ai remarqué une admirable lettre des protestants de Venise à Calvin. Quelle bonne fortune! Voilà donc du travail pour quelques jours et de beaux résultats.

J'espère toujours arriver à Wolfenbüttel jeudi au plus tard et, s'il n'y a rien, ne faire qu'une dégringolade jusqu'à Etlingen. Wurtzburg et Schweinfurt pâlissent, de plus en plus, à l'horizon, mais qui sait si ces étoiles éteintes ne se rallumeront pas ?...

J'ai beaucoup pensé à toi jeudi ; je me disais, elle monte en voiture, elle arrive; qu'il me tarde de connaître tous ces détails. En attendant mon retour, sois heureuse, jouis de ce beau ciel, de ta réunion avec ta sœur et donnez quelquefois, toutes deux, une pensée au pauvre voyageur solitaire, pour lequel les heures sont bien longues en dehors des Bibliothèques. Gotha est joli, pourvu de magnifiques promenades, mais on n'y trouve pas un journal français et je n'ai pour me délasser que la lecture de mon *Guide*. Le libraire Perthés est très aimable, sait le français et me tiendra, je l'espère, bonne compagnie aujourd'hui dimanche.

Je vous embrasse toutes deux ; il y a si longtemps que je n'ai vu Clémentine!

XXIV

A Madame Jules Bonnet, à Paris

Zurich, 16 septembre 1852.

Ta lettre m'est parvenue ce matin, et à peine
sorti de la Bibliothèque où tu ne m'accompagnes
plus cette année, je t'écris à la hâte pour te faire
un peu vivre de ma vie, et tromper mes ennuis
de solitaire, en m'entretenant avec toi. Tu as
bien deviné les sentiments dont j'étais plein en
quittant Arlesheim. Il me semblait en me sépa-
rant de ces amis, les meilleurs, les plus dévoués,
les plus chers que nous ayons au monde, que je
me séparais de tout un passé qui ne reviendrait
plus et que j'aurais à pleurer toujours! Telle est
l'inconstance du cœur humain, qu'il jouit presque
sans bonheur, sans reconnaissance des plus
beaux jours qui lui sont départis ici-bas, et il ne
sait véritablement apprécier ces biens, à leur digne prix, que lorsqu'ils sont perdus.

Les regrets de nos amis, le jour du départ, se
mêlaient aux miens, et ce m'était une consolation
de penser que nous étions devenus, en quelque
sorte membres, par l'adoption, de cette aimable
famille, près de laquelle il est si doux de vivre et
qu'on ne peut quitter sans un inexprimable
regret.

Le matin du jour où j'ai dit adieu à ces amis, a été marqué, pour eux, par un deuil prévu et pourtant douloureux, comme si les cœurs n'y eussent point été préparés. La sœur de Mme Marie a rendu son âme à Dieu, sans agonie, sans souffrance. Elle s'est éteinte ou plutôt affaissée sous le poids de la vie, devenue pour elle un fardeau trop lourd.

Le dimanche qui avait précédé sa mort, elle avait retrouvé un peu de connaissance et elle témoignait, par ses regards, qu'elle était sensible aux soins dont elle était l'objet, aux témoignages de tendre affection que sa sœur ne cessait de lui prodiguer. Impossible de t'exprimer le dévouement religieux et résigné de Mme Marie. Elle priait sans cesse au chevet de sa sœur, lui lisait des passages choisis des Saintes Ecritures, qu'elle paraissait comprendre et suivre, ce qui causait un attendrissement, plein de respect, à tous les témoins de ces derniers entretiens.

J'ai donc revu Zurich et seul, le cœur gros et gonflé de soupirs mal comprimés. Je suis descendu à l'hôtel de Bellevue, où j'occupe une jolie chambre donnant sur le lac, et j'ai repris le chemin des Archives, où j'ai retrouvé l'ami Fredrich, M. Meyer, aussi bons, aussi empressés que par le passé. J'ai revu aussi M. Horner, qui regrette de te savoir à Paris, et les Keller, qui

m'ont reçu très affectueusement. Tout cela ne me
console pas, et il me semble que « rien ne m'est
plus, plus ne m'est rien » au sortir d'Arlesheim
et loin de toi. J'aurai heureusement beaucoup à
travailler, et tu sais que les manuscrits ont pour
moi une magie secrète. Je compte aussi beaucoup sur tes lettres, et dis à nos sœurs de m'é-
crire quelques mots dont je leur saurai bien bon
gré.

XXV

Berne, 30 septembre 1852.

J'arrivai ici mardi matin, après avoir passé la
journée de lundi à Zofingue et recueilli, dans
cette ville, quelques pièces intéressantes. Après
m'être installé ici, dans une chambre de notre
vieille abbaye des Maréchaux, où je fus reconnu
et joyeusement salué par le maître d'hôtel, je
courus à la poste réclamer ta lettre qui semblait
arrivée ce matin même, comme pour me souhaiter la bienvenue, et que je lus et relus en me
promenant sur la jolie terrasse près de la cathédrale, devant le fantastique tableau des Alpes de
l'Oberland, à demi noyées dans le brouillard. Je
commençai, dès le matin, mes travaux à la
Bibliothèque, où je ne retrouvai plus le bon, le vénérable M. Trechsel, mais où tout me retraçait son

souvenir, mêlé à celui de ma chère Octavie. Une lettre de M. Meyer de Knonau, m'introduisit aux Archives de l'Etat, où j'ai consulté déjà, je ne sais combien de volumes poudreux et trouvé, jusqu'à présent, une seule lettre de Calvin, mais du plus haut intérêt, avec plusieurs pièces remarquables de l'amiral de Coligny et de sa famille. L'archiviste m'apporte à l'instant même une seconde lettre de Calvin qu'il vient de découvrir, par hasard, dans un volume. Il n'y a malheureusement ici aucun catalogue.

Mes recherches se termineront sans doute aujourd'hui, et je serai en tout cas samedi à Genève, où je compte me rendre directement, sans passer à Neuchâtel. Ceci tient à une modification dans mes projets concernant la correspondance latine de Calvin, que je ne crois plus devoir publier tout entière, sous peine d'y insérer des pièces dépourvues d'intérêt et qui ne supporteraient pas la lecture. J'en causerai avec MM. Merle et Gaussen, à Genève, plus pour les amener à ma pensée que pour me rallier à la leur. Témoigner une extrême déférence à ses amis et ne pas leur sacrifier une ligne de sa liberté, comme éditeur, telle est, tu le sais, ma résolution tracée d'avance à cet égard.

Que te dire de Berne et de mon existence dans cette ville, monotone et triste, comme tu sais?

Mlle d'Ochando est absente, c'est la seule personne que j'eusse aimé y voir. Je fais, le soir,
quelques promenades autour de la ville ; j'admire
les cerfs et les chevreuils se jouant dans les vieux
fossés, ou le soleil réflétant ses derniers rayon
sur le Gurten, à défaut des Alpes voilées par les
nuages. Et puis je me délecte à lire *Napoléon le
petit,* que j'ai eu le bonheur de trouver dans une
librairie de Berne, et qui me console des misères
de notre pauvre France. Ce livre est écrit avec un
prodigieux talent. Ce sont des vérités imprimées
au fer rouge et qui passeront la frontière, n'en
déplaise aux alguazils de la haute et basse police.

Il me tarde de te revoir à Genève, et c'est à la
pension Laurent que je t'attendrai, pour y passer
avec toi quelques semaines d'octobre.

M. Ernest Naville m'a écrit pour me demander
quelques heures de leçons d'histoire par semaine,
au Gymnase libre de Genève ; mais cela contrariait tous nos plans, sans nous procurer un avantage positif, sur Clarens. Je n'ai pas cru devoir
accepter.

XXVI

Genève, 5 octobre 1852.

Ce n'est qu'hier lundi que je suis arrivé ici.
J'ai passé la journée de samedi et celle de dimanche à Lausanne, où j'ai été reçu de la manière la

plus aimable par ta tante, ton cousin J.-L. Galliard, sa charmante femme et tous tes parents.

Mais ce qui a donné un intérêt tout particulier à mon séjour dans cette ville, c'est la présence de la duchesse d'Orléans, retenue encore à Lausanne par les suites de son accident, et l'accueil particulièrement bienveillant que j'ai trouvé auprès d'elle.

M. Régnier était de retour auprès de son élève, et après une entrevue cordiale, il m'a proposé de me présenter à la duchesse, et quoique je n'eusse point osé le demander, par un scrupule que tu comprendras, j'y ai consenti très volontiers. Elle m'a reçu avec une bonté parfaite, en me disant qu'elle me connaissait déjà, par son frère le duc d'Aumale, mais qu'elle désirait mieux me connaître depuis longtemps. Elle m'a parlé dans les termes les plus aimables d'*Olympia Morata*, m'a interrogé sur mes recherches concernant Calvin et la duchesse de Ferrare, dont la vie lui inspire une sympathie, un intérêt tout particulier. Je lui ai raconté quelques-unes de mes plus belles découvertes en Italie, qui l'ont vivement intéressée. Je l'ai quittée pénétré des témoignages de la noble et touchante bonté avec laquelle elle m'avait reçu. M. Régnier est venu me voir, à l'hôtel, et me demander la lecture de quelques lettres de Calvin qui ont excité sa surprise et son admiration.

Le lendemain, je suis allé lui dire adieu, et j'ai eu le privilège de rencontrer ses deux élèves et de pouvoir leur témoigner mes sentiments de vive sympathie. Le comte de Paris est très grand pour son âge, et d'une gravité précoce qui s'allie au charme de l'enfance. Je lui ai rappelé son passage à Zurich, où nous avions retrouvé ses traces à la Bibliothèque. Il m'a dit, en quelques mots sentis, que la Suisse lui paraissait bien belle, mais qu'elle ne lui faisait pas oublier la France, où je l'ai assuré qu'il comptait toujours des cœurs amis qui lui demeuraient fidèles, dans la bonne et la mauvaise fortune. Enfin, je suis parti, enchanté de ce séjour à Lausanne, rêvant pour le soir une lettre de toi que je n'ai pas même reçue ce matin! J'avais tant besoin de savoir si tu te disposes à partir et si tu vas bientôt arriver à Genève. Je suis installé à la pension Laurent; j'ai déjà vu quelques amis, Mme Long, les chers d'Espine, Mme Rieu, qui m'ont parlé de toi avec tant d'amitié! Arrive donc au plus tôt et reçois aujourd'hui mes tendres adieux.

XXVII

*A **Madame Thomas**, à **Saint-Chaptes*** [1]

Clarens, 14 novembre 1852.

Ma chère Cousine,

C'est aujourd'hui dimanche, les occupations de la semaine sont suspendues, et je suis heureux de reprendre, avec vous, l'entretien depuis trop longtemps interrompu.

Nous avons quitté Genève, le 1er novembre, pour venir nous installer à Clarens, délicieux village au bord du lac, dans une anse tellement abritée par de hautes montagnes, qu'on y jouit, au pied des neiges éternelles, d'une température aussi tiède et aussi douce que celle d'Italie. Les figuiers et les lauriers croissent en pleine terre et l'olivier seul manque au paysage, pour achever de me transporter, en imagination, dans le pays de mon enfance.

Le village que nous habitons, composé d'une vingtaine de maisons, éparses dans les prés ou sur les pentes de la montagne, compte cependant plusieurs pensions, où les étrangers peuvent s'établir commodément en hiver. Nous sommes

[1] Village du département du Gard, à quelques lieues de Nimes.

installés dans un chalet, en compagnie d'un Anglais, d'une dame allemande et de ses deux filles, qui nous offrent la plus agréable société.

Notre appartement se compose d'une chambre et d'un joli salon, qui s'ouvre sur une galerie couverte, où l'on peut se promener en tout temps, et d'où l'on aperçoit le ravissant horizon du lac et des montagnes. Vous devinez que ce qui m'a fait choisir ce lieu pour y passer l'hiver, c'est la retraite et le recueillement parfait dont on y jouit. A Genève, j'étais sans cesse interrompu dans mes travaux par des visites. Ici nous vivons en solitaires, et rien ne vient troubler le cours de mes études et de mes méditations dans l'ermitage à deux qui nous sert d'abri. J'ai apporté tous les manuscrits que j'ai recueillis dans mes divers voyages; on m'envoie de Genève et de Lausanne tous les livres qui me sont nécessaires et ma vie, consacrée tout entière au travail, entrecoupée parfois de quelques promenades, s'écoule, studieuse, paisible et douce, telle enfin que noús pouvions le désirer dans nos plus beaux rêves. Bien des fois, cependant, ma pensée s'échappe de ces lieux enchanteurs pour se reporter vers d'autres lieux, moins beaux au regard, mais plus doux au cœur, et s'arrêter auprès de tous ceux qui me sont chers. Je songe souvent à vous et je bénis Dieu de vous avoir rendu une partie de cette santé qui nous est si précieuse. Qu'Il vous la conserve et me donne de me retrouver plus d'une fois encore, dans cette maison toujours si hospitalière pour moi et où je ne cesse pas, je vous assure, d'occuper en esprit ma place accoutumée.

Vous savez laquelle, et votre regard, en lisant ces lignes, s'arrêtera sans doute sur la petite chaise, au coin de la cheminée, où j'étais heureux de me tapir pendant les longues soirées de l'automne ou de l'hiver.

Adieu, souvenez-vous que les ermites de Clarens souhaitent beaucoup d'avoir quelquefois de vos nouvelles, ainsi que de votre excellent mari.

XXVIII

A Monsieur S. Alioth, à Arlesheim

Clarens, 21 novembre 1852.

Où dois-je vous placer en imagination, cher Sigismond? Est-ce à Bâle, dans l'élégante et confortable demeure que vous m'avez fait un jour visiter, ou sous ce toit d'Arlesheim, si noblement hospitalier, sous lequel nous reportent tant de doux souvenirs?

Je ne sais, et il me tarde, je l'avoue, de savoir de la main d'un cher grand paresseux, si ce départ d'Arlesheim s'est accompli. C'est comme une émigration habituelle qui signale pour vous le commencement des hivers, et encore a-t-il tenu à peu de chose que cette émigration obligée ne s'accomplît sur de plus lointains rivages. Que ne vous a-t-elle amenés, avec votre bonne mère, dans un coin de ce magique horizon qui se déroule sous la lucarne de notre ermitage ! Mais non, et c'est à l'imagination seule à franchir ou à combler les distances qui nous séparent. Que ne nous est-il donné de les combler d'une toute autre façon !

En attendant, nous essayons de nous consoler, par le travail, de ce veuvage du cœur, où nous laisse l'éloignement de tant d'amitiés dont nous nous sommes volontairement exilés. Ma cellule respire je ne sais quoi de studieux et de recueilli qui favorise la méditation et profite aux labeurs de longue haleine. Elle s'ouvre, il est vrai, sur le lac et favorise trop de ce côté, ces écoles buissonnières de la pensée qui s'envole sur les monts, et s'égare au loin sur le bleu miroir des eaux. N'importe, on la rappelle au logis, elle y rentre docilement et sait s'y trouver heureuse, dans la compagnie surannée des manuscrits épars sur la table, et des doctes in-folios.

De sept à huit heures du matin, avant le déjeuner, première séance de travail ; c'est le prélude de la journée. De neuf à une heure, avant le dîner, seconde séance; la plus longue et la plus fructueuse. De trois à cinq, promenade favorisée par un de ces chauds rayons de soleil, qui semblent résumer, aux confins de l'automne et de l'hiver, le charme expirant des beaux jours. Enfin, de cinq à sept heures, aux rayons de la lampe allumée par une main diligente, troisième et dernière séance de travail. La soirée, après le thé, est invariablement consacrée aux délassements de la lecture et de la musique, auxquels prennent part tous les membres de notre petite société et quelques privilégiés des pensions voisines.

Voilà une courte, mais fidèle esquisse de nos journées, lesquelles se succèdent avec une monotonie qui repose des longs voyages et qui n'est pas sans douceur. Je vis beaucoup avec Calvin; je laisse sommeiller Renée, mais c'est pour la réveiller plus tard, ou plutôt pour essayer de murmurer, à son oreille, quelqu'une de ces paroles magiques qui rendent la vie. Telle est, du moins, l'ambition des historiens, mais combien peu de ces statues du passé répondent à cet appel et secouent le sommeil des siècles, pour reparaître au milieu des vivants.

Est-il besoin de vous dire que nos laborieuses journées ne s'écoulent pas sans ramener souvent

nos entretiens et nos pensées vers vous, à preuve
que Mme Bonnet me répète sans cesse, en imitant
votre accent plaisant : « Chers amis, encore un
peu de jardinage ? » supposant charitablement
que vous vous moquez autant d'elle que de
M. C...

Merci pour le récit de votre voyage au Ban-de-
la-Roche. Je me console un peu de vous en avoir
involontairement détourné l'été dernier, puisque
vous avez pu y retourner avec M. Burckardt,
dans de bien autres circonstances, et y faire un
peu de bien.

Vos amis Bayley, que j'ai eu un vrai plaisir à connaître, sont partis pour Nice par le
Simplon, Alexandrie et la Riviera. Voilà qui
va vous faire rêver, et n'ai-je pas tort de vous le
dire ? Non, non, s'il est beau de partir, il est encore plus beau de rester, et vous le savez mieux
que moi, n'est-ce pas ?

Adieu, nous ne sommes qu'un cœur pour offrir
nos salutations filiales à votre mère, sans oublier
l'ami Sigismond.

P.-S. La tout aimable Mlle Caroline Marquis est
à Lausanne depuis quelques jours, et nous laisse
déjà un vide profond. Ceci est pour Achille et
pour Mme Emilie.

XXIX

A Madame Jules Bonnet, à Clarens

Genève, janvier 1853.

Le temps me manque encore une fois pour t'écrire à tête reposée, et c'est entre deux accès de fièvre, que je me recueille pour m'entretenir un instant avec toi.

Mes travaux à la Bibliothèque ont été fructueux. J'ai découvert, parmi les volumineux recueils de lettres manuscrites à Calvin, des indications précieuses pour la correspondance du réformateur lui-même. Décidément les manuscrits de la Bibliothèque sont une mine inépuisable, dont je n'avais pas encore touché le fond. Les registres du Conseil d'Etat, à l'Hôtel de Ville, me fournissent aussi d'intéressants détails, sans parler des registres de la Compagnie. Du matin à quatre heures de l'après-midi, je travaille; ensuite, je cours; je fais mille visites au vol. Je me repose le soir chez quelques amis, comme on se repose à Genève !

Il me tarde de retrouver mon ermitage de Clarens et ces idéales journées de recueillement et d'étude, éclairées d'un rayon de soleil, entremêlées de douces promenades, embellies par les charmantes amitiés qui nous environnent. Tout cela me paraît si précieux et si beau, maintenant que j'en suis privé, et que je suis retombé dans ce torrent d'agitations qui constitue l'existence à Genève ! Pourtant, là aussi, nous comptons de bons amis, et les témoignages de leur affection ont un grand prix à mes yeux. J'ai passé la soirée d'hier chez Mme Tronchin, avec M. et Mme d'Eclépens et la jeune dame Louis Tronchin, qui m'ont chargé de leurs meilleures salutations pour toi. La veille, j'avais vu les Gaussen et serré, en ville, la main à M. A. de Gasparin.

Ce soir, je dîne au Rivage(¹). Demain à la Prairie; après-demain chez les Eynard. Hélas ! après-demain, c'est le jour où je comptais me retrouver à Clarens, et c'est tout ou plus si je pourrai partir et arriver dimanche, à ce port désiré.

Le temps est beau, le ciel pur, mais il n'a pas l'éclat et la douceur du ciel de Clarens; n'importe, je suis trop heureux de n'avoir ni pluie, ni neige pour mes innombrables courses.

Adieu, sois autour de toi l'interprète de mes meilleures pensées ; assure M. et Mme Mirabaud que je suis déjà consumé du « mal du pays », c'est-à-dire des amis qui ont su nous le rendre si précieux et si cher. Je vis beaucoup avec toi et

---

(¹) Résidence de M. et Mme de Gasparin.

avec eux, et je ne sépare pas l'image de ceux qui
savent aimer mon Octavie, de mon Octavie elle-
même.

XXX

Genève, 29 janvier 1853.

Le sort en est jeté, je passerai la journée de
dimanche à Genève, et ne partirai que lundi à
huit heures du matin. C'est te dire que le soir de
ce jour, nous serons réunis à Clarens. J'aurai
pour compagnons de voyage Paul et de Meuron,
actuellement à Genève, et cette perspective jointe
au désir de voir quelques personnes que je n'ai
pu visiter, à cause de mes séances à la Bibliothèque, m'a décidé à retarder mon départ.

Je ne te dis rien des amis que j'ai revus à
Genève, le dénombrement en serait trop long et
occupera nos premiers entretiens. J'aime mieux
te dire que ma semaine a été très utilement remplie, pour mes travaux, et que je retournerai à
Clarens, les mains pleines de nouveaux trésors.
Je ne puis cependant oublier nos bons amis du
Chatelard, avec lesquels j'ai terminé la soirée
d'hier, chez M. Desgouttes, et qui, tout à l'heure,
sont venus visiter la Bibliothèque sous mes auspices. Ces dames te disent mille choses aimables;
elles voudraient partir mardi, mais je suppose

qu'elles ne sauront pas résister aux instances qu'on leur adresse déjà, et qu'elles ne me suivront que d'assez loin à Clarens. J'oubliais, d'ailleurs, leur halte à Lausanne, où Achille veut donner une splendide soirée, à laquelle nous sommes invités.

Adieu, sois auprès de Mme Mirabaud, qui t'a si doucement gardée et gâtée en mon absence, l'interprète de ma gratitude et de mon affection dont la meilleure part est pour toi.

J'ai passé une délicieuse soirée au Rivage, et j'ai trouvé les de Gasparin plus aimables que jamais. Ils te disent mille choses, ainsi que les habitants de la Prairie, où tu es attendue en avril.

XXXI

A Monsieur Pierre Bonnet

Clarens, 10 février 1853.

J'ai reçu ta lettre, mon cher père, au retour d'un voyage à Genève, où j'étais allé passé huit jours pour revoir rapidement une partie de mon travail, sur les manuscrits de la Bibliothèque. J'avais laissé Octavie fort bien installée, en mon absence, auprès de Mme Mirabaud, qui lui avait gracieusement offert l'hospitalité pendant la semaine que je devais passer à Genève. Elle s'est trouvée fort heureuse dans ce charmant intérieur, mais n'en est pas moins rentrée avec plaisir dans notre joli salon, lavé, frotté, orné de vases de fleurs et de couronnes de lierres, pour fêter mon retour.

La semaine que j'ai passée à Genève a été magnifique pour le temps. J'ai pu, tout en consacrant mes journées à la Bibliothèque, visiter mes amis dans la soirée, notamment M. et Mme de Gasparin, installés dans une de ces jolies maisons de campagne de la route de Lausanne, au bord du lac, et j'ai passé avec eux quelques heures charmantes, après une séparation de presque deux années.

Me voici rentré dans mon ermitage, et plus satisfait que jamais du calme, du bonheur, du recueillement studieux dont on y jouit. Vivre avec ses livres, n'est-ce pas une des choses les plus agréables sur la terre, quand on peut aussi vivre avec la nature, et compter autour de soi de bons amis. Décidément ce pays nous plaît infiniment, et nous rêvons de nous y établir quelques années, dans le chalet que va construire M. Mirabaud, à côté de sa maison. Nous aurions une jolie chambre à t'offrir et tu viendrais ici tous les ans! Voilà un de mes rêves pour l'avenir, trop heureux si nous devions recevoir, avec ta visite, celle d'Adolphe. Nous ne savons rien de lui depuis ton départ, et nous aimons à croire que ce silence n'est pas dû aux fatigues d'une nouvelle campagne d'hiver. Nous nous plaisons plutôt à contempler cet aimable paresseux agréablement installé dans une jolie maison mauresque d'Alger, pensant beaucoup à nous, mais trop indolent pour prendre la plume et nous le dire.

Nous avons reçu une aimable lettre de notre Emilio, assaisonnée de quelques anecdotes piquantes et très peu impérialistes, sur l'empire !

La neige commence à tomber pour la troisième fois depuis ton départ. Tout est blanc sur nos têtes et à nos pieds, mais cela ne dure pas. Les derniers quinze jours ont été admirables, comme ceux que tu as passés avec nous, et dimanche, nous avons fait l'ascension de Glion, au-dessus de Montreux.

Reçois les plus tendres amitiés de tes enfants.

XXXII

A Monsieur S. Alioth, à Bâle

Clarens, 8 mars 1853.

J'ai reconnu votre cœur, cher Sigismond, à l'envoi des deux ouvrages que j'avais demandés à Achille. Vous avez eu la bonté de les faire rechercher pour moi à Strasbourg; vous avez été assez heureusement servi pour les découvrir, et vous couronnez tant d'amabilité par votre gracieux empressement à m'envoyer le tout à Clarens. Je vous en remercie mille fois.

Vous nous demandez nos projets pour l'année. Ils sont naturellement subordonnés aux graves préoccupations de mes publications prochaines. Aller en mai à Paris pour m'entendre avec mon éditeur; faire peut-être un rapide voyage en Angleterre, mettre les choses en train, comme on dit, pour l'impression simultanée des lettres de Calvin, à Paris et à Edimbourg, en me réservant de corriger — si possible à distance — les épreuves dans notre ermitage de Clarens; tels seraient mes désirs! C'est assez vous dire combien il me tardera de retrouver ma cellule, au bord du lac, quand je l'aurai quittée. Nous espérons y revenir en juin, non sans visiter Bâle en passant — au bord des étangs, ô tentateur!... et non sans accepter le gracieux rendez-vous que vous nous indiquez pour l'automne. Puisse cette saison, la plus douce de l'année, nous réunir une fois de plus dans Arlesheim, à tous ceux que vous aimez.

Vous savez nos projets d'établissement à Clarens. N'est-ce pas un grand mot pour nous? Tant il y a que nous aspirons à échanger notre tente voyageuse, tant de fois déjà repliée, contre une

demeure moins errante, et à goûter enfin les douceurs du chez soi. Le recueillement dont on jouit
ici, la proximité des Bibliothèques de **Lausanne**
et de Genève en font un lieu très favorable à mes
études, et les convenances de la raison, non
moins que celles de l'imagination et du cœur,
semblent nous inviter à une halte prolongée sur
ces bords. Vous les visiterez quelquefois à cause
de nous, et les Muses sévères de la botanique et
de l'histoire s'y donneront, je l'espère, rendez-
vous sous un même toit.

Adieu, cher ami, soyez auprès de tous l'interprète de nos pensées les plus affectueuses.

Nous voyons presque tous les jours les dames
du Chatelard, emprisonnées longtemps dans les
neiges, que l'on affrontait pour monter jusqu'à
elles.

XXXIII

A Monsieur Pierre Bonnet

Clarens, 27 avril 1853.

Je suis, cette fois, encore en faute avec toi, cher
père, et tu t'étonneras, en recevant cette lettre
un peu tardive, de me savoir encore à Clarens.
Ton étonnement augmentera en apprenant qu'Octavie m'a déjà précédé à Paris, où je dois la
rejoindre vers le 15 du mois prochain. Mes tra-

vaux m'ont retenu à Clarens jusqu'à ce jour, et ce n'est qu'après une courte reconnaissance à Neuchâtel et à Berne, en passant par Genève, que je reprendrai le chemin de la capitale.

Octavie m'a dit adieu lundi dernier, et s'est rendue à Paris avec une dame de nos amies, en partant de Genève, où je l'avais accompagnée, et en passant par Bellegarde, Bourg et Châlon. Le temps était affreux ; il tombait une neige épaisse, et tout autre passage que celui de l'Ecluse aurait été sans doute impraticable. Néanmoins Octavie est heureusement arrivée à Paris, en vingt-neuf heures, après avoir un peu souffert du froid, mais elle se sent si heureuse d'être de retour auprès de sa famille, qu'elle ne se souvient déjà plus des contrariétés du voyage.

Pour moi, je suis devenu ermite depuis qu'elle est partie, et j'avoue que ma cellule me paraît moins jolie depuis que je l'habite seul et que je n'ai plus mon Octavie pour l'embellir et l'égayer. Mais je travaille beaucoup, tout en m'occupant des préparatifs de mon départ, fixé à lundi, pour ma tournée rapide en Suisse, qui doit se terminer à Genève, d'où je me rendrai à Paris.

J'avais compté y arriver plus tôt, mais une circonstance imprévue et bien douloureuse retardera un peu ma publication. Nous avons perdu un excellent ami, qui était aussi mon imprimeur et mon libraire, M. Ducloux, enlevé à ses amis et à ses quatre enfants orphelins, par une fièvre ty‑ phoïde. C'était un des hommes les plus distin‑ gués, un des cœurs les plus généreux que j'eusse jamais rencontrés. Cette mort, qui est pour nous un très grand chagrin, m'obligera sans doute à modifier mes projets pour la publication que je prépare, et dont l'homme que je pleure devait être l'éditeur à Paris.

Voilà les seules nouvelles, un peu tristes, comme tu vois, que j'avais à te donner aujour‑ d'hui. Je n'ai pas encore reçu du ministre l'auto‑ risation officielle (¹) dont j'ai besoin pour publier, mais un de mes amis, directeur des cultes pro‑ testants au ministère, m'écrit que le Comité a décidé, à l'unanimité, que les *lettres de Calvin* devaient m'être cédées, et que le ministre ne fera que confirmer cette décision.

Le printemps est ici fort retardé, les aubépines seules verdissent, et le soleil ne brille plus que par intervalles, à travers les brouillards. Mais l'aspect de nos montagnes est enchanteur quand le soleil brille!

Reçois, cher père, tous mes vœux du cœur.

(¹) M. Bonnet avait été chargé par le gouvernement français d'une mission scientifique, à l'effet de recueillir la correspon‑ dance de Calvin pour la collection des documents inédits de l'*Histoire de France*. Les retards apportés à cette publication, l'en‑ gagèrent à solliciter du ministère de l'Instruction publique, l'au‑ torisation de publier, à ses frais, les lettres du réformateur.

XXXIV

A Madame Jules Bonnet, à Paris

Clarens, 29 avril 1853.

Me voici de retour à Clarens, mais seul, et t'écrivant dans notre petit salon, ce matin, ainsi que nous en étions convenus.

Le temps est triste, les montagnes sont blanches de neige, et il semble que l'hiver fasse un dernier effort pour revenir sur ses pas et prolonger ses rigueurs jusqu'en plein été. Nous eûmes cependant hier une splendide après-midi, et les Alpes, rayonnantes des feux du soir, se réfléchissaient dans le lac, comme aux plus beaux jours. Mais cela n'a pas duré. J'étais monté au Chatelard, en compagnie de mes petits amis Eugène et Sillig ; le manoir était désert, nous n'en trouvâmes la châtelaine qu'au bas de l'avenue, à notre retour. Tu juges, si l'on échangea une fraternelle poignée de main et des paroles vives et pressées, en quelques secondes ! Aujourd'hui, je remontais encore, et par la pluie, en suivant les vertes charmilles, et j'étais plus heureux. Je trouvais notre chère Mlle Caroline seule, dans cette salle à manger gothique où nous avons tant de fois reçu la plus aimable hospitalité, et je lui parlais de toi, de ton voyage, de mes tristesses, de mes impatiences de départ et de retour. Elle me comprenait, avec son âme aimante. Elle te chérit, et soupire après le jour qui te ramènera à Clarens, tout en espérant te voir, en juin, à Arlesheim. Puisse cet espoir se réaliser pour elle et pour nous !

J'ai dîné chez les Mirabaud, en compagnie de M. Turettin, revenant, comme bien tu penses, d'une promenade à Glion.

Je viens encore de passer une charmante soirée chez nos amis. M. et Mme Du Seigneux, qui retournent samedi à Genève, étaient de la partie, excellentes gens auxquels on s'attache vite et dont on ne se sépare pas sans regret. Se reverra-t-on ?

Les enfants étaient occupés à faire des châteaux de cartes, Mme Du Seigneux à feuilleter l'album de Milan, M. Mirabaud sommeillait... et moi je devisais doucement avec la chère dame Mirabaud, qui m'a envoyé mercredi, par Jeannette, un magnifique vase de pensées pour me tenir compagnie. La fleur ne te semble-t-elle pas bien choisie ?

Tout le monde ici se prépare au départ, et la semaine prochaine, ce ne seront que figures nouvelles, à la pension Mayor. Mme de Mülheim va prendre son vol pour Bex ; M. Samelson est à Evian, et moi j'écris des lettres et prépare mes derniers paquets, en jouissant beaucoup de nos aimables voisins. La pensée de les retrouver en été m'est douce, comme à toi, et je n'aurais guère la force de quitter cette calme retraite de Clarens, si nous n'espérions y revenir.

Quelques pâles rayons de soleil éclairent, en cet instant, les fenêtres de notre mélancolique petit salon, auquel je vais dire adieu, à mon tour.

XXXV

A Madame Jules Bonnet

Neuchâtel, 16 mai 1853.

Je suis arrivé, à Neuchâtel, dans la nuit de samedi à dimanche. La ville m'a paru plus vivante et plus gaie qu'il y a quatre ans. J'ai revu, dans la matinée, notre ami Félix Bovet, toujours aimable, comme autrefois; les Souvestre, assez mécontents de leur établissement et qui m'ont invité à prendre le thé chez eux, ce soir. Enfin, j'ai fait hier une charmante promenade à Boudry, où toute la famille Bovet m'a chargé d'amitiés pour toi. Je suis revenu, en voiture, par un orage épouvantable qui contrastait singulièrement avec la soirée magnifique et le clair de lune d'il y a quatre ans. T'en souviens-tu? M. Félix Bovet était, cette fois encore, mon compagnon de voyage.

Me voici maintenant occupé à travailler sur les manuscrits de la Compagnie, chez le pasteur Du Pasquier. Je compte terminer mon travail aujourd'hui et partir demain pour Bâle, ou plutôt pour Rheinach, où l'ami Sigismond doit venir m'attendre en voiture. Je suis resté à Genève plus que je ne voulais. Le travail de collationnement que j'ai fait en partie seul, sur bon nombre d'autres pièces que celles à M. de Falais, pour lesquelles l'obligeant Paul m'aidait, m'a fait prolonger mon séjour en cette ville. Nous aurons à revoir bien des pièces ensemble, sur mon manuscrit primitif, les copies Dubourg laissant à désirer sous le rapport de l'exactitude; mais j'ai fait, sur les originaux, un travail de revision aussi complet que possible.

Par une matinée froide et pluvieuse, je suis allé à la découverte d'Adolphe Schettler (¹), que j'ai surpris enfin, au lit, — ce qui est bien permis à sept heures du matin — dans une chambre des Eaux-Vives, parée de gravures représentant les Apôtres, les Evangélistes et ornée d'inscriptions à la craie : « soyez toujours joyeux », etc. Cet excellent Adolphe avait reçu ta lettre, quoiqu'il

(¹) Etudiant à l'Ecole de théologie de l'Oratoire et neveu du pasteur Zipperlen.

eût changé de pension, et était arrivé un peu tard au bateau. Voilà l'explication de tout le mystère et de la mystification dont il prétend avoir été victime. Il paraît du reste heureux, et nous promet une visite, cet été, à Clarens, si ses vacances, comme il l'assure, doivent s'écouler à Genève.

Je compte repartir jeudi d'Arlesheim, pour Paris, par le trajet direct, heureux de te revoir et de voir cesser ma solitude.

XXXVI

A Monsieur Pierre Bonnet

Paris, 6 juin 1853.

Cher père,

Je ne veux pas quitter Paris sans t'adresser encore quelques mots d'affection. Notre départ est fixé à ce soir, et je veux que les dernières lignes que j'écris ici te soient consacrées.

Mon séjour à Paris a été fort heureux, comme tu le sais déjà, puisque j'ai pu régler toutes les questions relatives à la publication de mon ouvrage. J'ai reçu la lettre officielle du ministre qui m'autorise, en termes bienveillants, à disposer du manuscrit des lettres de Calvin que j'ai recueillies, et j'ai réglé, à l'imprimerie, toutes les conditions mêmes de la publication. Un spéci-

men de la première lettre a été exécuté, sous mes
yeux, d'une manière tout à fait satisfaisante, et
je puis retourner tranquillement en Suisse, où
les épreuves me seront envoyées, afin que je
puisse les corriger aussi facilement que si je res-
tais à Paris.

J'ai vu, pendant mon séjour ici, quelques
hommes qui portent un vif intérêt à mes travaux
historiques et qui m'ont accueilli avec beaucoup
de bonté; M. Mignet, M. de Lamartine, qui, bien
que souffrant et triste de l'état de ses affaires,
m'a reçu avec beaucoup d'amitié et m'a interrogé
sur la publication que je prépare. Mme de Lamartine elle-même, anglaise d'origine et autrefois
protestante, aujourd'hui plus catholique que son
mari ne le voudrait, sera heureuse, me disait-
elle, de connaître les lettres de Calvin. M. Guizot
était parti pour la Normandie; je ne l'ai pas vu.
La bonne Mme Le Bas, qui vient de partir pour
aller passer quelque temps à Rouen, chez une de
ses filles, te fait mille amitiés, auxquelles
M. Philippe Le Bas (1) joint ses salutations. Un
congé d'Adolphe aurait été, peut-être pour moi,
une excellente occasion de faire une courte apparition à Nimes, mais le cher frère ne paraît plus
compter sur le retour prochain de son régiment.

(1) Le savant archéologue M. Ph. Le Bas, membre de l'Institut,
avait été le maître, en même temps que l'ami de Jules Bonnet.

Il nous a écrit une charmante lettre des frontières de la Kabylie, où il était en observation. Que Dieu le garde au milieu des dangers d'une campagne nouvelle, et nous réserve encore, dans l'avenir, le privilège d'être réunis sous le toit paternel.

Adieu, notre départ est fixé à ce soir, sept heures. Nous allons en Suisse, par Strasbourg et Bâle, où nous serons quand tu recevras ces lignes, et où nous passerons une quinzaine de jours auprès de nos amis d'Arlesheim.

XXXVII

Clarens, 7 juillet 1853.

Cher père, nous voici rentrés dans notre joli petit *trou* de Clarens, et heureux de redevenir ermites, comme l'hiver passé. J'ai repris mes travaux interrompus ; ils vont s'accroître de la correction des épreuves de ma publication qui me seront envoyées de Paris et d'Edimbourg. Je n'aurai jamais été plus occupé, mais cette idée me sourit, et puis les bains dans le lac, les délicieuses promenades du soir, me délassent et me reposent. Combien je voudrais que tu fusses avec nous pour jouir de cette nature magnifique, auprès de laquelle pâlissent véritablement les plus beaux lieux du monde.

Le chalet Mirabaud est presque terminé ; nous avons assisté à une jolie fête d'inauguration. Le maître d'école du village, appelé dans ce pays *régent,* avait composé une poésie de circonstance, qui a été lue du haut du chalet, à côté du sapin enrubanné qu'on y avait placé. On a tiré des coups de fusil, lancé des fusées, dansé, et M. Mirabaud, venu ce jour-là de Genève, a fait les frais de la fête, avec une bonté et une grâce particulières.

Nous avons en ce moment auprès de nous, à Clarens, M. Merle d'Aubigné, l'auteur de la belle *Histoire de la Réformation,* dont je t'ai conseillé la lecture. Nous faisons, avec lui, quelques promenades qu'embellissent les entretiens. Nous étions hier au soir, sur la jolie terrasse de l'église de Montreux, quand un orage nous y a surpris au milieu de nos admirations. Je fais aussi quelques courses en bateau, et je me baigne à l'embouchure des torrents, où les eaux plus froides rendent ces bains plus délicieux et plus fortifiants.

Mille amitiés aux parents, et pour toi la tendresse la plus filiale.

XXXVIII

A Madame Jules Bonnet

Clarens, 14 septembre 1853.

Je reçois, en ce moment, ton aimable lettre, où je m'étonne seulement de ne pas trouver une mention honorable de la mienne que tu as dû recevoir pourtant lundi.

La journée de dimanche a été fort belle, M. et Mme Merle d'Aubigné sont arrivés samedi, venant de Gryon, et ont passé deux jours avec nous. Nous sommes allés ensemble au Basset Coulon et à Veytaux. Je n'ai pu, le lendemain, les suivre sur la montagne de Caux, dont les formes arrondies et les pelouses si vertes se transforment, vues de plus près, en pentes âpres et en prairies marécageuses. Nos amis n'ont donc pas encore trouvé, à cette hauteur, l'oasis de leur rêve, mais leur très court séjour ici, n'a pas moins été, pour moi, un sujet de vives jouissances.

Ainsi que tu l'as pressenti, j'ai acheté le bateau Cuénod que M. Bayley a eu la bonté de m'amener de Vevey. C'est une très bonne affaire, et comme de tous les exercices corporels, celui de la rame m'est le plus agréable et qu'il est, de plus, fort salutaire, je ne regretterai pas une acquisition qui doit me procurer beaucoup de plaisir, en même temps qu'un exercice fortifiant.

J'ai profité des beaux soleils pour repeindre à neuf mon bateau, dont j'ai fait une gondole vénitienne, noire et blanche, qui glisse sur l'eau avec la légèreté d'une hirondelle. M. Bayley m'a secondé avec une parfaite obligeance, et après quelques petites réparations nécessaires, je ferai avec mon léger esquif, une entrée triomphale au port de Clarens. Je ne doute pas que tu ne sois charmée de ma jolie nacelle. Je ne l'ai pas encore baptisée, te réservant l'honneur de lui donner un nom, au retour.

J'ai vu plusieurs fois notre amie du Chatelard, à laquelle j'ai fait part de tes amitiés, et qui a dû t'envoyer son « journal ».

Avant hier au soir, aux derniers rayons du couchant, je me promenais sur notre petite galerie, quand j'entends une voix qui m'appelle. C'était Mlle Caroline, attendant, dans le jardin de la pension voisine, la rentrée de la famille Bruce, qu'elle était allée visiter. La conversation se noue aussitôt par dessus les arbres, et on échange de douces amitiés pour toi, à la lueur du crépuscule. J'irai aujourd'hui au Chatelard, si je ne vais à Corseaux, où l'ami de Meuron m'appelle à grands cris.

Je suis heureux des bonnes nouvelles que tu me donnes de Paris, et si le mariage de ta sœur est aussi prochain que tu parais le croire, j'aurai la satisfaction de te revoir bientôt, et tu sais si cette pensée m'est douce !

XXXIX

A Monsieur Pierre Bonnet

Vevey, 21 octobre 1853.

Cher père,

C'est à Vevey, dans le magasin du papetier placé à côté des diligences, et en attendant le bateau qui doit me conduire à Genève que je t'écris ces mots à la hâte. Tu sais sans doute que la reine Marie-Amélie, se rendant en Espagne avec ses enfants, est tombée malade à Genève. Le duc d'Aumale l'accompagne, et je suis heureux de pouvoir, dans ces tristes circonstances, faire une visite à mon noble condisciple et ami d'autrefois.

Mon voyage a un double but. C'est ce matin qu'Octavie part de Paris; elle sera donc à Lausanne demain, où j'irai l'attendre, par le retour du bateau, pour retourner avec elle à Clarens. Tu devines combien je suis impatient de la revoir. Je n'aurais jamais pensé, en lui disant adieu,

que cette séparation dût être aussi longue, et il
a fallu, je l'avoue, pour donner à ma belle-sœur
un témoignage si prolongé de mon affection fraternelle, toute la tendresse que je lui ai vouée.
Son mariage a eu lieu hier, et Octavie vient reprendre sa place dans notre ermitage de l'an
passé. Elle trouvera le jardin déjà jonché de
feuilles jaunies; les brouillards voilent le ciel,
mais ils se dissipent souvent pour nous laisser
voir le plus brillant azur et jouir des rayons du
soleil le plus chaud. Mon petit salon, tapissé à
neuf, est vraiment délicieux; on s'y croirait en
Italie ou à l'abri de l'un des rochers de nos gari-
gues. Je pense souvent à ces promenades. J'en ai
fait une fort belle, il y a quelque temps, avec mes
amis Alioth, ici en ce moment. C'était au sommet
de cette montagne de Cubly que nous te fîmes
escalader, à moitié, l'année dernière. Partis du
Chatelard, nous sommes arrivés à la plus haute
cime en une heure. Nous avions le brouillard,
comme une mer, à nos pieds, et sur nos têtes le
ciel le plus bleu, avec le soleil, la verdure et les
fleurs de mai. C'est un des plus beaux spectacles
dont on puisse jouir, et si l'on éprouve un peu de
fatigue pour se le procurer, on en est bien dédom-
magé par la magnificence du tableau et la vivacité des impresions qu'il fait naître. Ces promenades me reposent du travail qui absorbe une

partie de mes journées. Quand Octavie est ici, elle me tient toujours douce compagnie, m'aidant à corriger mes épreuves que je revois sur mes manuscrits, ou brodant et raccommodant, assise sur le canapé du salon.

Adieu, l'heure me presse; je t'écrirai dans peu de jours.

XL

Clarens, 26 octobre 1853.

Cher père,

J'ajoute aujourd'hui quelques mots à ma lettre de vendredi dernier, pour te dire que mon voyage à Genève s'est heureusement accompli. J'ai vu le duc d'Aumale qui m'a reçu de la manière la plus affectueuse et la plus aimable, avec la même bonté que lorsque nous étions assis à côté l'un de l'autre, sur le même banc, au collège Henri IV. Mais que d'événements douloureux se sont succédé depuis cette époque! Il est impossible de revoir le prince, sans retrouver sur son visage la trace de ce qu'il a souffert depuis 1848. J'ai vu deux fois le duc d'Aumale dans l'intimité, durant mon séjour à Genève. Il était tout à fait rassuré sur la santé de la reine, pour laquelle on avait conçu un moment quelques inquiétudes et qui doit reprendre, dans quelques jours, la route

de l'Espagne avec le prince de Joinville. Le duc
d'Aumale doit retourner en Angleterre, où il est
fort occupé d'études historiques devenues, dit-il,
la consolation de son exil. Il a visité, avec beaucoup d'intérêt, la Bibliothèque de Genève et les
vieux portraits des Réformateurs. Nous avons
parlé de nos souvenirs d'autrefois, de nos études
et de nos travaux actuels, heureux de nous sentir
unis de pensée et de cœur, comme du temps que
nous étions écoliers à Paris. Quand je l'ai quitté,
il m'a dit au revoir, en m'invitant à lui faire une
visite, lors de mon prochain voyage en Angleterre.

Peut-être le reverrai-je, si son séjour en Suisse
se prolonge. Il se disposait à faire un petit
voyage dans les Alpes, occupé, m'a-t-il dit, d'é-
tudes de topographie militaire, comme au temps
où il avait le bonheur de pouvoir servir son
pays.

Voilà quelques mots sur ma visite à Genève;
je sais qu'ils t'intéresseront. Samedi, à deux
heures, j'étais à Lausanne. Octavie y arrivait
heureusement après moi, et nous reprenions ensemble le chemin de Clarens, d'où tes enfants
réunis t'envoient leurs tendres amitiés.

XLI

A Mademoiselle C. Grosjean, à Genève

Clarens, 11 décembre 1853.

Chère mademoiselle,

Il ne faut pas que ce dimanche s'achève sans vous apporter quelques mots, auxquels votre bienveillante amitié peut seule attacher quelque prix, et sans vous faire revivre, par la pensée, avec les deux solitaires de Clarens. Solitaires, c'est bien le mot, car depuis leur retour de Genève, vos jeunes amis n'ont cherché qu'en eux-mêmes, cet écho de leurs pensées qu'ils trouvaient si sympathique en vous et qu'ils n'essaient plus même de demander à d'autres. Il y a des félicités qui devraient laisser l'âme uniquement reconnaissante, mais hélas ! quand elles ne sont plus, on se replie sur soi-même, on désespère des autres et on perd le secret de ces paroles heureuses dont la magie était sans doute de venir du cœur et d'aller au cœur. En partant, vous avez emporté avec vous nos seules joies, hors de l'intimité dans laquelle nous avons dû retrancher toute notre vie, et ce Clarens vers lequel s'élancent encore quelques-uns de vos soupirs, n'existe plus que dans vos regrets et les nôtres.

Notre existence est toujours telle que vous

l'avez connue, plus studieuse et plus retirée, depuis qu'elle a perdu cette couronne brillante des sympathiques amitiés et des beaux jours, ensemble évanouis. J'ai retrouvé ici, comme de juste, tout un arriéré de travail qu'il a fallu mettre en règle et qui ne l'est encore qu'à demi, heureux si, dans le silence des méditations et de l'étude, je pouvais m'abstraire entièrement des choses du dehors ! Mais que de fois les bruits de l'escalier et surtout les cris des enfants, dont une partie de la maison est richement dotée, vous le savez, viennent troubler le cours de mes pensées et me rappeler quelques-unes de ces réalités vulgaires, qui sont les écueils de l'existence quotidienne. La bonne dame D... n'a pu tenir à tout ce tapage et va nous quitter pour prendre ses quartiers d'hiver à la Tour-de-Peilz. Moi-même, je rêve parfois un déménagement avant les neiges ; mais sur quel rameau s'aller poser?...

Voilà, fort en gros, le récit des tristesses ou des mécomptes de ces derniers jours. Nos joies étaient de nous souvenir ; elles sont aussi d'espérer et de trouver parfois, au foyer largement hospitalier du Chatelard, des cœurs sympathiques qui nous consolent. Deux fois par semaine, au moins, on monte au château le soir, un volume choisi sous le bras ; on trouve l'aimable Caroline Marquis, au coin du feu, avec son père ;

on lit, on cause, on se souvient, et le nom de notre **chère** demoiselle Grosjean n'est pas oublié **parmi** les souvenirs touchants et illustres que rappelle à nos cœurs la voix du passé, dans le **foyer** trois fois séculaire.

Adieu, chère mademoiselle, j'ai senti que je ne pouvais mieux terminer cette journée qu'en déposant dans le cœur d'une véritable amie, nos joies et nos peines. Les deux solitaires qui ne sont qu'un pour vous aimer, forment les meilleurs vœux pour vous.

XLII

A Monsieur S. Alioth

Clarens, 14 décembre 1853.

Voilà que je deviens, à mon tour, un fort mauvais correspondant, cher Sigismond, et que je te fournis des armes dont ta paresse, bien connue, usera sans pitié contre moi ! Mais c'est une des conditions de mon existence actuelle de comprimer tous les cris du cœur qui voudraient, comme autrefois, s'exprimer en intarissables correspondances, pour être tout entier à la tâche aride de chaque jour.

Il ne faut pas, cependant, laisser s'achever cette fin d'année, sans un petit *a parte* du cœur.

qui ne laisse pas entièrement se refermer le ciel des nobles et pures amitiés, sur nos têtes, *templa serena*; assez de mécomptes ont marqué ces derniers jours. Il me suffira de te dire que si nous n'avions, pour déployer un peu nos ailes, l'asile toujours hospitalier et charmant du Chatelard, Clarens ne serait plus pour nous ce qu'il a été. Nos meilleurs amis, ceux dont la société nous était la plus agréable, nous ont quittés.

La pension Mayor est d'un ennui à périr, et pour comble de malheur, le calme et le silence dont je jouissais dans ma chambrette de travail sont troublés, du matin au soir, par les vagissements de trois enfants qui m'auraient déjà fait fuir, si je savais où me poser. Il ne faut plus penser au chalet, qui s'est évanoui de notre horizon, avec bien d'autres chimères.

Nous avons jeté les yeux sur une maison des Crètes, isolée en hiver, riante au printemps; notre nid y serait moins soyeux, mais il aurait son attrait pour nous, et son charme pour un ami qui viendrait y saluer, sous notre toit, les premières fleurs du printemps, les derniers so_ leils de l'automne. Le lac serait plus lointain, et c'est beaucoup!... mais de quel pas léger on franchirait la distance qui sépare ces *Charmettes* du lac, pour recommencer, avec un Sigismond et un Achille, les ravissantes promenades sur l'eau!

Mon bateau, en attendant les beaux jours, est remisé à la prairie de Vernex, près la poste. La charmante dame Marc Cramer m'a envoyé un magnifique drapeau aux armes suisses, « manuum, monumenta, suarum !... » Je ne veux l'arborer qu'à ton retour.

Les Crètes, avec les châtaigniers séculaires, seraient le parc de la maison, ouverte à tous les rayons du midi et située plus près du Chatelard, où nous trouvons de si précieuses amitiés. J'ai beaucoup pensé à toi durant un séjour à Genève, mais M. Edmond Boissier était toujours à Valeyres, je n'ai donc pu m'acquitter d'aucun de tes messages. En revanche, nous avons beaucoup parlé de vous tous, avec notre excellente amie Mlle Grosjean, chez laquelle nous avons passé quelques jours fort agréables. C'est une belle âme, et bien digne d'avoir été l'amie d'un homme dont l'amitié était un privilège, autant qu'un trésor : M. Vinet.

Adieu, écris-nous au long, avec Achille, c'est un petit journal d'Arlesheim qu'il nous faut. Nous passons de douces soirées de causeries et de lectures, au Chatelard, bien souvent interrompues par les réminiscences du cœur.

XLIII

A Mademoiselle C. Grosjean

Clarens, 6 février 1854.

Que de semaines, chère mademoiselle Grosjean, se sont déjà écoulées, sans vous apporter
quelques-unes de ces pensées du dimanche, auxquelles vous attachez du prix, et qui pour être
muettes, n'en étaient pas moins fidèles. Pardon-
nez-le moi, et surtout ne me jugez pas avec trop
de rigueur, car je suis si occupé, que je puis à
peine m'entretenir avec ceux que j'aime le plus,
et vous savez quelle place vous occupez au milieu
d'eux.

Le fait est qu'il ne s'écoule pas un seul jour où
votre nom ne soit mêlé à nos entretiens, à nos
impressions les plus intimes et où, d'un même
cœur, nous ne soupirions après l'époque de votre
retour à Clarens. Mais hélas! quand vous pense-
rez à y revenir, y serons-nous et ne serons-nous
pas appelés ailleurs; à Paris, à Edimbourg, qui
sait? Tout cela forme un véritable chaos dans
mon esprit, et je n'essaie pas de le débrouiller.
Ma publication avance avec lenteur à Paris, mais
la traduction anglaise est plus lente encore, et
entraînera sans doute à bien des retards. Peut-être
dois-je m'en réjouir, puisque cela me permet de

revoir jusqu'à satiété les notes de mon travail et de pratiquer ainsi le vers du poète, qui semble écrit pour les érudits plus encore que pour les rimeurs :

« Vingt fois sur le métier, remettez votre ouvrage... »

J'ai lu et relu *Macaulay*, à mes moments perdus, c'est-à-dire dans les insomnies de la nuit.

C'est beau et grand, surtout c'est un tableau complet dans lequel l'auteur a su faire entrer tous les éléments de la vie anglaise, au XVIIe siècle; là est son originalité véritable et ce qui fait, à mes yeux, la supériorité de l'écrivain sur nos historiens français, supérieurs, peut-être, par l'émotion et l'éloquence. J'avais cru deviner votre héroïne dans cette humble figure, si pleine, à la fois, d'abnégation et de passion, qui brille à côté de Guillaume d'Orange. Je m'étais donc trompé ? Si ce n'est Marie, est-ce Guillaume lui-même ? Il est trop sentencieux et trop froid. Est-ce une des nobles victimes du despotisme de Jacques II ? un Argyle s'endormant d'un paisible sommeil, avant de monter sur l'échafaud ? etc., etc. Je ne sais, et le mot de l'énigme enfin, chère mademoiselle, c'est de vous que je l'attends ! A vrai dire, il ne me reste pas de très grandes figures dans l'esprit, et le véritable héros moral du livre, pour moi, c'est l'Angleterre elle-même.

Nous avons à la pension un officier allemand, de Francfort, assez intéressant et fort *discuteur*, qui a rendu à M. Mac Grégor (¹) l'usage de sa langue. Ce dernier est toujours bon et obligeant, mais peu abordable, je vous assure, sur les sujets sérieux et intimes.

Auguste Vinet est venu dîner avec nous ces jours derniers, et nous avons fait avec lui une promenade aux Crètes. Pauvre garçon! il semblait si heureux! et je voudrais tant mettre un rayon de soleil dans sa vie!

Nos affectueux souvenirs à M. Grosjean, en gardant pour vous la meilleure part de notre attachement.

XLIV

A Monsieur Pierre Bonnet

Clarens, 8 avril 1854.

Cher père,

Je viens t'annoncer que nous sommes installés dans notre jolie maison des Crètes. Rien de plus agréable que notre nouveau séjour. La saison est magnifique; les feuilles et les fleurs commencent à orner notre jardin. Les cerisiers de la prairie sont tout blancs, et les châtaigniers nous réser-

(¹) Ex-consul anglais en Chine.

vent leur ombre pour les jours de chaleur. Mon cabinet de travail, situé au second, est une véritable cellule de bénédictin, avec une délicieuse échappée sur Clarens, Montreux et Chillon. Le salon, avec sa tapisserie fraîche, est joli, et l'ordre et l'harmonie président à tout. C'est le mérite d'une fée mystérieuse qui a passé par là, et dont je te laisse à deviner le nom. Une jolie chambre t'est réservée sous notre toit, et j'espère que tu viendras y passer une partie de l'été. Tu jouiras de nos magnifiques ombrages qui entretiennent ici une délicieuse fraîcheur, et je te conduirai quelquefois en bateau sur le lac.

Pourquoi notre cher Adolphe ne peut-il se joindre à toi, dans cette réunion de famille tant rêvée ? Ce cher frère nous écrit une bonne et aimable lettre d'adieu. Ce n'est pas sans un serrement de cœur que je le vois partir pour l'Orient; j'ai d'autant plus de peine à m'y résigner que sans cette maudite guerre, Adolphe nous était rendu cette année. Il me semble parfois que cette guerre n'est qu'un *semblant*, une pure démonstration qui ne sera pas suivie d'effets!... Ah ! puisse-t-il en être ainsi, et puissions-nous revoir bientôt notre bien aimé Adolphe!

Nous sommes, de plus en plus, décidés à aller passer une partie de l'hiver prochain, à Edimbourg. Ce voyage est tout à fait nécessaire pour accélérer la traduction anglaise de mes quatre volumes de lettres de Calvin, qui marche très lentement. En ce cas, nous serions heureux de te faire une visite au printemps. Tu nous en dois une, d'abord, pour l'été ou l'automne.

XLV

Clarens, 27 août 1854.

Ta lettre, cher père, nous est arrivée d'autant plus à propos, que nous sommes absolument privés de nouvelles d'Adolphe. Nous avons donc été bien heureux d'apprendre, indirectement, quelque chose et d'avoir quelques détails sur l'existence de ce cher frère durant ces derniers temps. Je comprends qu'il est difficile d'écrire au milieu des préparatifs d'une campagne déjà commencée et je ne l'accuse pas; mais il me semble qu'il aurait pu tracer quelques mots qui nous seraient précieux.

Dieu soit loué de ce que le fléau qui a si cruellement sévi à Marseille et dans d'autres villes, ait relativement épargné notre Nimes. Une nouvelle saison va commencer, et on peut espérer que les influences de l'automne feront disparaître entièrement ce terrible choléra qui n'a déjà fait que trop de victimes.

Pour moi, j'ai cessé de ressentir le malaise dont je t'entretenais dans ma dernière lettre et j'ai retrouvé mes forces. L'air des montagnes a fait ce miracle. J'ai suspendu mes travaux, pendant plusieurs jours, et entrepris quelques excursions qui m'ont fait le plus grand bien.

Lundi dernier, nous avons traversé le lac dans la barque d'un de nos amis anglais, M. Bayley, en assez grande compagnie, pour aller en Savoie. De St-Gingolph, nous avons fait l'ascension d'une des plus hautes montagnes de la contrée, en suivant d'abord un beau torrent, à travers un chemin tout bordé de hêtres aux formes bizarres. Plus haut, nous nous sommes trouvés au milieu de pâturages émaillés de fleurs. Octavie et Albane étaient de la partie. Deux guides portaient les provisions et une tente, sous laquelle nous avons tous passé la nuit, couchés côte à côte, qui, sur des châles, qui, sur des coussins, qui, enfin, sur la dure. Nous avons assisté à un magnifique coucher de soleil qui dorait les cimes du Mont-Rose et du Mont-Blanc. La nuit venue, on a allumé un grand feu de branches de sapins, annonçant ainsi notre bivouac, à toute la contrée.

. Vers le grand matin, un fort vent s'est levé et a si bien secoué notre tente qu'il a fallu déguerpir. C'était d'ailleurs presque l'heure du lever du soleil, spectacle magique sur les Alpes qui, à ce moment, empruntent à l'arc-en-ciel, ses teintes douces et fondues.

Nous sommes descendus par le versant opposé à celui par lequel nous étions montés, et nous avons déjeuné aux alentours d'un chalet, sur une table rustique où l'on nous a apporté une grande *seille* de lait bouillant, dans laquelle chacun puisait, à tour de rôle, avec des cuillères de bois. Quoique la descente soit très longue et très raide, nous sommes rentrés, à la maison, aussi frais et aussi dispos qu'après une simple promenade.

Tu ne saurais croire combien l'air de ces hauteurs est favorable à la santé; on se sent vivifié et comme renouvelé sur ces cimes élevées; un sang plus généreux coule dans les veines ; on respire plus librement et l'on ne ressent plus ces fatigues, ces accablements qu'une réclusion prolongée, ou l'air de la plaine embrasée par la chaleur, ne manque jamais de produire. Du reste, sur notre colline des Crètes, ombragée de grands châtaigniers, un air pur et vivifiant n'a presque jamais cessé de nous rafraîchir. Nous quitterons bientôt, et non sans regret, cette paisible retraite pour aller à Bâle, mais pas avant le 15 septembre. Tu peux donc nous y écrire encore une fois, en nous donnant des nouvelles d'Adolphe que tu ne tarderas pas à recevoir.

XLVI

A Monsieur Pierre Bonnet

Courbevoie, 7 novembre 1854.

J'ai été heureux d'apprendre, mon cher père, que tu avais fait un séjour à la Calmette, auprès de nos excellents parents dont je garde toujours un doux souvenir, et auprès desquels il m'aurait été si agréable de pouvoir t'accompagner, mais j'ai été aussi bien tristement déçu en ne trouvant pas, dans cette lettre, un mot rassurant, une nouvelle, propre à dissiper les inquiétudes que je ne cesse d'éprouver au sujet de notre Adolphe. Je ne puis accuser ce cher frère de son silence. Un mot serait chaque jour nécessaire, et comment le tracer au milieu des horreurs d'un siège qui ne laisse pas un moment de repos à ceux qui ont le triste privilège d'en être les acteurs ! Espérons, si nous en avons la force, que tout est fini à cette heure, et que nous n'aurons plus à trembler, au moins pendant le repos forcé de l'hiver, pour une vie qui nous est si précieuse.

A Paris, on est inquiet et triste ; on s'étonne des lenteurs d'un siège dont on n'avait pas prévu les difficultés et, comme il arrive toujours, on a passé de l'excès de la confiance au découragement.

Des nouvelles heureuses sont bien nécessaires pour tirer l'esprit public de sa torpeur,
comme pour rassurer tant de familles réduites à
trembler, chaque jour, pour les plus chers objets
de leurs affections.

Nous sommes arrivés, à Courbevoie, le 28 octobre et nous jouissons d'une réunion de famille
qui durera, pour nous, quelques semaines avant
notre départ pour l'Ecosse.

Adieu, j'aime à me persuader que quand tu recevras ces lignes, tu nous auras déjà transmis
les nouvelles dont nous avons tant besoin.

XLVII

Courbevoie, 5 décembre 1854.

Une lettre d'Adolphe écrite à l'hôpital de Péra,
le 19 novembre, m'arrive ce matin. Ce cher frère
m'annonce que malade depuis plus d'un mois,
mais grâce à Dieu, convalescent, il compte se
rendre à Nimes pour y achever sa convalescence.
Cette nouvelle est pour moi comme une direction
de la Providence qui veut enfin nous réunir,
après une si longue séparation. Je me décide
donc à aller passer quelques semaines près de
toi, avant mon voyage en Ecosse, qui sera différé
au mois de janvier. J'irai seul à Nimes, laissant
Octavie auprès de sa mère et de sa sœur, pendant

les fêtes de Noël et du Nouvel An que je passerai
auprès de vous, et qui seront parmi les belles de
ma vie, puisque séparé pour quelque temps seulement de ma chère Octavie, je serai du moins
réuni à des parents si aimés.

Je voudrais partir sur le champ, mais je suis
encore retenu pour une huitaine à Paris, par
mes affaires d'imprimerie. Adolphe me précédera
sans doute à Nimes. Que je voudrais être là pour
le recevoir! mais si je n'ai pas cette joie, j'aurai
celle de le rejoindre et d'être bientôt réuni à
vous deux, douceur qui m'a été trop longtemps
refusée.

J'espère que toute la maison sera bien chauffée
pour qu'il n'ait pas à souffrir de l'humidité et du
froid, en sortant du climat d'Orient. Si j'en juge
par sa lettre, sa maladie a dû être grave, et exi-
gera de longs ménagements; il faut que son
entrée dans la maison paternelle marque son
retour à la santé, à la vie et au bonheur. Il me
paraît chagrin de quitter l'Orient, au milieu d'une
campagne glorieusement commencée. Je le comprends. Mais les choses sont encore, hélas! bien
loin de leur fin, et les occasions de se distinguer
ne se retrouveront que trop dans l'avenir.

XLVIII

A Monsieur S. Alioth

Nimes, 24 décembre 1854.

Cher ami,

Je ne veux pas laisser finir l'année, sans t'adresser quelques mots de fraternelle amitié auxquels ma présence à Nimes donnera, pour toi, un nouveau prix.

Tu sais déjà comment un événement, à la fois triste et heureux, en tout cas bien inattendu, le retour de mon frère, tombé gravement malade dans la tranchée de Sébastopol et réduit à venir chercher sous le ciel natal un entier rétablissement, a subitement changé ou du moins ajourné mes projets de voyage en Ecosse et m'a conduit à Nimes, au moment où je me disposais à partir pour Edimbourg.

J'ai donc revu ma ville natale, toujours belle, sous son ciel bleu et les chauds rayons de son soleil d'Orient. J'ai revu mon père, ma jolie maison de la Fontaine, pleine de souvenirs mélancoliques et doux, où j'ai devancé mon frère de quelques jours.

Il nous est enfin arrivé, après une traversée qui a été un véritable martyre, et nous avons eu l'inexprimable joie de le serrer dans nos bras, après une séparation de plus de quatre années, non point tel, hélas! qu'il nous avait quittés; les fatigues, les privations, les souffrances de tout genre auxquelles il a été exposé, et surtout la longue maladie qui l'a retenu cinq semaines à l'hôpital de Péra, ont laissé leur empreinte sur son visage et l'ont réduit à un état de faiblesse dont il ne sortira sans doute que peu à peu.

Tout en jouissant profondément du bonheur d'être réuni à nous, il déplore la triste nécessité qui l'a éloigné de l'armée d'Orient et qui le ramène auprès de nous, malade et languissant, sans blessures glorieuses, sans titres nouveaux à l'estime et à la reconnaissance de son pays. Pour nous, nous ne pouvons éprouver qu'un seul sentiment et bénir Dieu de nous l'avoir rendu, du moins pour quelques semaines, car il sera toujours temps de retourner à Sébastopol et de retrouver sa place d'honneur. Consumé par la fièvre, exténué par la toux, et réduit à se baillonner la bouche, dans la tranchée, pour ne pas attirer le feu de l'ennemi sur sa compagnie; couché dans la boue et dans la neige, durant trois nuits consécutives, telles ont été les souffrances de mon frère, pendant les derniers jours passés devant Sébastopol, qu'il a senti ses forces tout à coup anéanties, et qu'il est tombé dans les bras de ses

hommes, privé de tout sentiment. Porté à l'am-
bulance, évacué plus tard à l'hôpital de **Péra,**
sans même s'en apercevoir, il s'est réveillé, comme
d'un rêve pénible, pour se trouver sur un lit dont
il avait désappris l'usage, et entouré de soins
qu'il ne connaissait plus. Enfin, le voici auprès
de nous et déjà l'influence de l'air natal, le repos,
lui ont fait du bien Notre ciel du midi ne se
montra jamais plus brillant, il prodigue ses plus
chauds rayons à notre cher convalescent et rien
ne saurait rendre le charme des heures que nous
passons ensemble à la Fontaine, nous entretenant
de mille choses qui ne peuvent se dire de loin, et
savourant le bonheur d'être réunis.

Que de fois, cher Sigismond, dans ces entretiens et ces promenades, sous notre beau ciel
dont tu sais admirer l'éclat et goûter la douceur,
je pense à toi et je regrette !... Mais pourquoi
t'exprimer ce regret ; n'es-tu pas réuni à la meilleure des mères, entouré des tiens, et quel privilège vaut celui-là, dans ces derniers jours de l'année qui finit, et où l'on a besoin de s'entourer de
tout ce qu'on aime.

Ecris-moi quelques mots à Nimes. Tu es si
bien connu ici ; mon père et mon frère ont si bien
appris à t'aimer, dans tous mes souvenirs et mes
récits de la Suisse, que ta lettre sera une fête
pour eux, comme pour celui qui t'a voué, dès
longtemps, un attachement fraternel.

XLIX

A Madame Thomas

Edimbourg, 28 février 1855.

Chère cousine,

Si chaque fois que je pense à vous, je prenais la plume pour vous écrire, notre correspondance formerait une véritable bibliothèque; mais la main est plus paresseuse que l'esprit, et pour mille pensées consacrées à ceux qu'on aime, on leur donne à peine une lettre.

Vous avez déjà eu, par nos lettres à Nimes, quelques détails sur notre voyage en Ecosse. Vous savez que nous sommes heureusement arrivés à Edimbourg, à travers les neiges et les brouillards qui sont la parure ordinaire de l'hiver, dans les pays du nord. Cette ville est cependant beaucoup moins froide qu'on ne le suppose, et son climat nous rappelle celui de Paris. Les rues y sont très larges, les places magnifiques et ornées de jardins qui doivent produire le plus gracieux effet dans la belle saison. Les maisons sont fort agréables. Celle que nous habitons est entièrement couverte de beaux tapis, jusque sur les escaliers; la plus douce chaleur est partout répandue, et des fenêtres, la vue s'étend sur les montagnes de l'Ecosse, blanches de neige, et sur la mer qui n'est qu'à une petite lieue d'Edimbourg.

Les amis qui nous ont reçus, sous leur toit, sont on ne peut plus aimables pour nous. Dès le premier jour, nous nous sommes sentis comme de la famille. Rien ne manque à nos jouissances, et après les heures d'étude ou de promenades, nous pouvons nous récréer avec de jolis enfants, comme on n'en voit qu'en Angleterre, et qui donnent, par leurs caresses et leurs sourires, un charme tout particulier à l'intérieur si aimable dans lequel nous vivons. A mesure que nous deviendrons plus familiers avec la langue anglaise, nous jouirons encore plus des agréments de notre nouveau séjour; mais mes progrès ne sont pas très rapides et je m'aperçois, à mon grand regret, que j'ai plus de vocation à parler notre beau patois du midi, *nostra lingua tan poulida é tan musicaïra*, que le langage moins musical des Anglais.

Au milieu des préoccupations de notre existence nouvelle, mes pensées me ramènent souvent sous le toit paternel, auprès de mon frère que j'ai quitté avec tant de regret, sans savoir si je le reverrais encore une fois sur cette terre!... Et tout en m'entretenant avec vous, je me revois en esprit, passant le Gardon, comme il y a quelques semaines, avec un ciel bleu sur la tête, traversant d'un pas léger les vigères de Saint-Chaptes, abrégeant le chemin par de douces conversations avec le petit cousin de la Calmette, puis frappant timidement à votre porte ; mais vous n'y êtes pas !... et je reviens frapper un peu plus tard, et cette fois je vous trouve. La table hospitalière se dresse au coin du feu, et l'on passe ensemble de bons moments qui ne sont plus qu'un rêve ou qu'un souvenir. En attendant que ce rêve se réalise de nouveau, gardez-moi une bonne place à votre foyer, et soyez sûre qu'il n'en est pas pour moi de plus agréable.

L

A Mademoiselle C. Grosjean

Edimbourg, 21 mars 1855.

Chère mademoiselle,

C'est le triste lot de ma vie errante et de mes habitudes sans cesse brisées, au moment où il me serait le plus doux de pouvoir en jouir avec le calme et la sécurité du bonheur, de négliger et comme de méconnaître les devoirs dont l'accomplissement est le plus facile et le plus agréable. Penser à vous est un de mes délassements, et vous le dire est un de ces privilèges dont je parais ne plus savoir le prix, puisque j'en use si rarement. Votre cœur nous a certainement suivis dans cette nouvelle phase de notre vie, et notre séjour dans ce noble pays d'Ecosse qu'on ne peut manquer d'admirer et d'aimer, alors même que l'on y ressent, comme moi, quelques-unes de ces mélancolies inséparables de l'exil.

Accueillis par M. Thomas Constable, notre éditeur, avec une bonté charmante, vivant dans l'intérieur le plus aimable et le plus gracieux, comblés des témoignages de la plus indulgente affection, nous ne pouvons pas. cependant, ne pas ressentir cette distance qui sépare toujours, plus ou moins, les cœurs dans un pays dont on ne sait tout juste la langue, que pour échanger des banalités vulgaires avec les hommes les plus excellents et les plus distingués. Il est douloureux de se sentir, chaque fois, arrêté par l'ignorance d'un mot ou les difficultés d'une prononciation étrangère, sur le seuil de ce monde infini où commence l'intimité véritable dont l'esprit et le cœur ont également besoin.

M. Constable et sa famille parlent fort bien le français, et l'intérieur où nous vivons a tout l'agrément et le charme de cette existence domestique dont les Anglais savent si bien apprécier la douceur.

Nos journées sont d'ailleurs très actives et la

revision du travail de mon traducteur, la correction des épreuves, jointes à l'étude de la langue anglaise, laissent peu de place, dans notre vie, à d'autres occupations qu'à celles que votre sage et prévoyante amitié a toujours souhaitées exclusivement pour moi.

Nous espérons reprendre, en mai, le chemin de la France et de la Suisse. Clarens est toujours le meilleur de nos souvenirs et de nos rêves, et notre désir, en l'absence de toute carrière qui puisse me fixer ailleurs, est d'y passer, dans la retraite et l'étude, le temps que nous ne consacrerons pas à mon père, de nouveau seul, à la suite du départ de mon frère pour l'Afrique ou l'Orient. Avez-vous aussi, pour la belle saison, quelque doux projet de retour « sur la plage où Vinet vint mourir? » (¹)

Je cède la plume à Mᵐᵉ Bonnet, elle vous donnera quelques détails sur notre séjour à Edimbourg, dont elle jouit mieux que moi, parce que la langue lui est plus familière, comme elle vous dira combien nous serons heureux de recevoir ici quelques mots de vous.

(¹) Allusion à une poésie de Mˡˡᵉ Grosjean.

LI

A Monsieur S. Alioth

Edimbourg, 4 mai 1855.

Cher Sigismond,

Tu te demandes sans doute chaque jour, si toutefois des sentiments plus doux laissent encore place à une telle pensée, ce que deviennent tes amis de l'Ecosse, s'ils sont encore retenus dans leur brillant exil d'Edimbourg, ou s'ils ont enfin repris le chemin de la France ?

L'heure du départ n'a pas encore sonné, et l'immense travail qui m'attendait ici comme ces inévitables mécomptes trop souvent cachés sous les fleurs de la vie, n'est pas encore parvenu à son terme. Tu ne sauras jamais ce que me coûte de peines le volume de lettres de Calvin, qui sera dans quelques semaines seulement livré au public, et que j'ai dû remanier en entier, presque refaire par la plume d'autrui. J'ignore l'accueil que le public d'Angleterre réserve à cet ouvrage ; mais s'il est en rapport avec le travail que j'y ai consacré, le succès sera une éclatante consolation dont j'ai besoin, je l'avoue, pour trouver la force de continuer l'œuvre, avec des traducteurs maladroits et ignorants.

La pensée de notre prochain retour à Paris est du moins une perspective consolante, à laquelle nous donnons rarement place dans nos entretiens, pour ne pas attrister les amis excellents et souverainement aimables, près desquels se sont écoulés, pour nous, ces derniers mois. Il fallait vraiment la bonté, la grâce charmante, l'amitié si communicative de M. Constable, pour me soutenir au milieu des labeurs imprévus et ingrats auxquels mon existence a été vouée durant ces dernières semaines.

La famille de notre ami Alexander Cowan n'a pas peu contribué aussi à multiplier les distractions agréables, plus nécessaires qu'ailleurs dans une ville étrangère. Dîners, soirées de musique, promenades, tout nous a été prodigué avec une bonté dont le souvenir ne s'effacera jamais de nos cœurs. Alexander, lui-même, au milieu des préoccupations très vives de ses examens, sait toujours trouver un moment pour venir nous faire quelque agréable proposition. Il voudrait, avant notre départ de l'Ecosse, nous accompagner aux lacs Lhomond et Katherine, et nous conduire près de ses sœurs dans le comté d'Argyle. Le pourrons-nous ?... Je m'attache chaque jour plus à lui, par un de ces liens qui constituent les amitiés véritables. Son frère aîné, M. Charles Cowan, membre du Parlement pour Edimbourg, que j'ai eu le plaisir de connaître ici, doit nous faire les honneurs de Londres, à notre retour, dont l'époque ne sera sans doute pas reculée au delà du 15 ou du 20 de ce mois. Notre intention est de retourner à Clarens; l'automne vous sera consacré, si vos convenances vous réunissent alors, en famille, à Arlesheim. L'hiver est promis à mon père ou à l'Italie !

Je m'oublie à te parler de nous, comme si j'ignorais qu'un sentiment nouveau a pris possession de ta vie et que je parle à un heureux fiancé. Mais nous nous entretenons souvent, tous deux, de toi et d'une autre, et ton bonheur projette de bien loin sur nous, un rayon qui nous console dans nos tristesses.

LII

Clarens, 10 août 1855.

Merci pour ton aimable lettre qui ne nous était point nécessaire pour nous assurer de la place que nous n'avons pas cessé d'occuper dans ton cœur, et de la fidélité avec laquelle tu nous as plus d'une fois associés, en esprit, aux impressions de ton pèlerinage, à deux, en Suisse, dans le Tyrol, à Venise. Pouvais-tu d'ailleurs traverser Zofingue sans te souvenir, ne fût-ce que de l'*iro-*

nie du sort qui conduisait tes premiers pas aux lieux que nous avions tant de fois visités en imagination, et d'où je ne sais quelle fée moqueuse, sous les traits de ta bonne mère, nous écartait sans cesse, sans doute, en expiation de nos infidélités si noblement réparées depuis, au Ban-de-la-Roche. O vanité de tous nos projets, *multa renascentur quæ jam recidera, cadent quequæ neme sunt in honore*...

Il n'en est pas du moins ainsi de la perspective, toujours charmante et belle, du retour à Arlesheim, perspective qui s'embellit encore, cette année, de l'espérance d'y rencontrer une amie de plus, à laquelle nos cœurs se sont déjà donnés, et qui est bien un peu aussi à nous, puisqu'elle est la compagne de notre cher Sigismond. Dis-lui que nos cœurs ont, dès longtemps, ratifié ce choix qui fut le rêve de ta mère et qui place ton bonheur sous les auspices vénérés de la famille qui exhale encore, après tant d'années, comme un parfum des vertus d'Oberlin.

L'époque de notre départ de Clarens, subordonnée à vos convenances de famille, l'est aussi à mes travaux historiques qui ne me permettent pas encore de m'éloigner de la proximité de Genève, où je devrai retourner le mois prochain.

Tu m'écriras d'ici-là pour m'instruire, s'il y a

lieu, de vos projets de séjour aux bains et de votre retour.

Je ne te dis rien de notre vie à Clarens, agréablement partagée, comme toujours, entre l'étude, les promenades et les causeries intéressantes avec les amis de Paris et de Genève, parmi lesquels nous comptons, en ce moment, M. Merle d'Aubigné. La nacelle légère, gracieusement enchaînée au rivage, nous convie toujours aux belles promenades, dont tu n'es plus, et que j'espérais partager, ne fût-ce que quelques jours, avec mon frère, en le présentant à mes amis de la Suisse. Mais le voilà, sur sa demande, rappelé en Orient et nous voilà de nouveau condamnés aux anxiétés et aux angoisses dont nous avons déjà fait la triste expérience.

Ces derniers jours m'ont valu une douce surprise, l'arrivée de mon ami Alexander Cowan, qui doit passer quelques jours à Clarens, avant de parcourir la Suisse. Il t'expédie aujourd'hui quelques plantes, premier témoignage de sa reconnaissance pour le bel envoi que tu lui as fait, et gage des fraternels échanges que vous pourrez entretenir, désormais, l'un avec l'autre.

Adieu, sois auprès de tous l'interprète de nos sentiments bien affectueux.

LIII

A Mademoiselle C. Grosjean

Arlesheim, 15 octobre 1855.

Est-il donc vrai, chère mademoiselle, que vous n'attendiez que notre départ pour entrer, voiles déployées, dans ce port quelquefois orageux de la pension Mayor ? C'est un regret de plus pour nous, en pensant qu'un séjour prolongé à Clarens, nous aurait enfin valu le privilège de vivre avec vous, sous le même toit, et de recommencer les jours qui ne sont plus, et dont je ne puis entièrement accepter le mélancolique refrain : « Nous ne reviendrons, reviendrons, reviendrons jamais ! » Et pourtant que de fois cette triste prévision se trouve réalisée pour ceux qu'on aime.

Vous savez notre existence ordinaire de l'automne, à Arlesheim. Travaux, durant la matinée, comme à Clarens, promenades après dîné, sur les collines couvertes de ruines pittoresques et de romantiques forêts. Lectures et causeries le soir, tout cela embelli, cette année, par la présence d'une amie de plus, dont la simplicité sérieuse et aimable est comme un reflet d'Oberlin. A ces traits, vous avez deviné la compagne que Dieu a donnée à notre ami Sigismond. Il en jouit, il est heureux et ce bonheur nouveau n'ôte rien, chose rare, à l'affection et à l'intimité dont nous venons, chaque année, retrouver les trésors fidèlement conservés, à Arlesheim.

Ce bonheur, qui est aussi le nôtre, n'absorbe pas tellement nos cœurs qu'ils n'aient de pieux retours à Clarens. Nous vous revoyons dans ce cadre mouvant de la pension Mayor, qui conserve à peine un ou deux visages aimés d'autrefois; image de cette scène changeante du monde où nos joies comme nos douleurs, se transforment incessamment, et sont sitôt des souvenirs et des regrets pour ceux qui savent, et se souvenir et regretter. Le nombre en est-il si grand ? et n'est-ce pas une des misères de nos pauvres cœurs que de ne savoir pas porter longtemps, le fardeau de ce passé où s'est écoulé, peut-être, le meilleur de notre vie. Mais ma lettre dégénère déjà en sermon, et je voulais seulement vous dire, qu'en dépit des incidents malheureux qui nous ont trop séparés cette année, et de la fatalité qui vous conduit sous le toit Mayor, quand nous n'y sommes plus, nos cœurs sont bien à vous, et que vous y occupez une bonne place que rien ne peut vous ravir.

Il nous était doux d'espérer vous revoir, à Genève, en nous rendant, le mois prochain, dans

le midi de la France. Mais ce voyage s'effectuera-
t-il?... On me sollicite de la manière la plus
pressante d'accepter à Paris, une position, jointe
à des obligations arides qui ne me vont guère, je
le confesse. Ce serait au détriment de mes travaux littéraires auxquels, il me semble, que je
dois subordonner tout le reste. Que vous en
semble ?

Je vous chargerais de mille amitiés pour les
Bayley, si je ne les supposais en route pour
l'Angleterre, et pour M. van de Welde, s'il n'était
déjà sans doute à Genève, où je compte lui écrire,
sous le couvert de Fontanesi.

Mme Bonnet n'est qu'un cœur avec moi, pour
se rappeler à votre bonne amitié.

LIV

A Monsieur Pierre Bonnet

Courbevoie, 30 décembre 1855.

Cher père,

Bien que je t'aie écrit ces jours derniers, je ne
veux pas cependant laisser finir l'année sans t'a-
dresser quelques mots de tendre affection, avec
l'expression des vœux que nous formons pour
toi.

Pourquoi faut-il que le premier jour de l'année,

qui devait nous réunir tous à Nimes, nous **trouve**
encore dispersés et s'écoule pour toi dans la maison solitaire, où la réunion eût été si douce en **un**
tel jour? J'en suis presque à regretter de **ne**
t'avoir pas engagé à venir nous rejoindre à **Paris.**
Tu aurais, du moins, joui de l'entrée solennelle
des régiments de Crimée, à Paris! C'était un magnifique spectacle, auquel j'ai pu assister d'**une**
fenêtre des boulevards.

L'enthousiasme a surtout éclaté à la vue **de ces**
braves régiments de ligne, aux drapeaux mutilés,
aux rangs éclaircis par la mort, rentrant à **Paris**
dans le costume simple et sévère des champs **de**
bataille. Le clinquant de la Garde ne produisait
pas tant d'effet. On jetait partout des couronnes **à**
ces braves soldats, et ce n'est pas sans émotion
que j'ai salué notre Adolphe, au passage, dans **les**
rangs de cette héroïque armée qui a si bien **payé**
sa dette au pays.

Le discours de l'empereur n'a pas été **suivi,**
comme on le pensait, de la distribution des **ré-**
compenses, remise sans doute au premier janvier. Souhaitons que mon frère ne soit pas oublié!
Il est venu, pour la seconde fois, dîner avec **nous**
jeudi.

Nous l'attendons le 1er janvier, si les corvées
du jour lui en laissent le loisir. Nous l'aurons
bien peu vu quoique nous soyons restés ici **pour**

lui. Son régiment est cantonné, pour trois mois, à Montrouge, et Adolphe sera peut-être de service au Fort, toute la semaine prochaine. Il faudra donc aller auprès de lui pour le voir.

Je ne t'écrirai plus que deux mots pour t'annoncer notre départ définitif et sans remise.

Au revoir donc, à bientôt.

LV

A Monsieur S. Alioth

Nimes, 20 avril 1856.

Grande a été notre joie en apprenant l'heureux événement qui te rend père d'une fillette que je nomme Lucie, dans mes rêves, puisque ce nom est synonyme de grâce et de poésie ingénue, à Arlesheim.

Tes joies sont les nôtres, tu le sais, et il nous sera doux, à notre premier revoir, de déposer sur le front de cette chère petite créature un baiser, en murmurant, à son oreille, quelques-uns de ces vœux qui s'échappent d'avance de nos cœurs :

« Partem aliquam venti patrias referatis adaurès ! »

Voilà ce que je me disais hier en errant sur les rives du Gardon, sous les poétiques arceaux du Pont du Gard, et en pensant à toi.

Hier, a vu s'accomplir cette promenade **que**
nous avions espéré faire avec M. et Mme Gaufrés,
mais pour laquelle ils nous avaient, malheureusement, réservé trop peu de temps. Avec d'autres
amis de mon enfance, que tu seras heureux de
connaître et auxquels ton nom n'est plus étranger, nous avons parcouru cette admirable vallée
depuis l'aqueduc jeté comme une dentelle légère
d'une montagne à l'autre, jusqu'au château de
St-Privat, caché avec ses tourelles mauresques,
ses massifs de pins et de chênes, dans un des plis
de la montagne. Le ciel était pur, le soleil brillant; les eaux du Gardon, gonflées par des pluies
récentes, me faisaient songer à celles de la Birse,
et se perdaient, tour à tour, dans les rochers ou
sous des voûtes de verdure et de fleurs. Un orage
survenu à la fin du jour, a répandu sa sublime
poésie sur ces lieux déjà si beaux de la poésie
des souvenirs et d'une nature véritablement en-
chanteresse. « Que n'ai-je avec moi Sigismond et
Achille », me disais-je sans cesse, en cueillant les
plantes qui, séchées par une main industrieuse
et déjà couchées entre leurs deux feuillets, iront
occuper, j'espère, une modeste place dans l'her-
bier de mon ami.

Le temps et l'espace me manquent pour t'en
dire plus long aujourd'hui. Nous comptons reprendre, à la fin de mai, le chemin de Clarens et,

à défaut du voyage échoué dans le Midi, peut-
être pourrons-nous faire, ensemble, une belle
échappée dans les Alpes.

LVI

A Madame Thomas

Clarens, 1er juillet 1856.

Ma chère cousine, c'est par une belle matinée
d'été que je vous écris. Le lac resplendit sous
mes fenêtres, les montagnes brillent de tout leur
éclat sous leur manteau de forêts et de neiges, et
pendant que je travaille tranquillement dans mon
petit cabinet, les sons du piano de ma femme arrivent agréablement jusqu'à moi, et me transportent dans une région d'harmonie et de paix qui
dispose l'âme à se souvenir de ceux qu'elle
aime.

Vous êtes toujours de ce nombre et mes pensées fidèles retournent souvent à vous, à travers
la distance qui nous sépare. Je me souviens de
mes pèlerinages à Saint-Chaptes, de nos entretiens qui se prolongeaient bien avant dans la
nuit, et je demande à Dieu de répandre ses meilleures bénédictions sur ce petit coin du monde
qui renferme pour moi une cousine si chère et

qui me garde près d'elle tant de cœurs amis. Il me tarde d'avoir de vos nouvelles, de savoir que vous êtes moins souffrante et que peut-être vous pourrez entreprendre un voyage utile à votre santé.

Nous avons trouvé ici d'excellents amis de Paris, arrivés à petites journées, dans leur propre voiture, avec laquelle nous faisons ensemble d'agréables promenades. Les plus charmantes sont celles qu'on fait à pied dans les montagnes.

Hier nous avons gravi une cime de trois mille pieds de hauteur que l'on nomme les Pléiades. Couchés dans l'herbe et les fleurs, aspirant les brises délicieuses des hautes Alpes pendant que le lac déroulait, à nos pieds, ses belles nappes bleues, nous avons été surpris par un pensionnat de demoiselles venues de la ville voisine, Vevey, pour prendre aussi leurs ébats sur la montagne. C'étaient, pour la plupart, des jeunes filles étrangères, Suisses, Anglaises, Allemandes, pour lesquelles nous croyions être parfaitement inconnus. Quel n'a pas été mon étonnement quand, à notre départ, le maître de la pension s'approchant de nous, m'a offert un jolie couronne d'immortelles blanches et roses qui couvrent la montagne, en reconnaissance, m'a t il dit, du plaisir avec lequel ses élèves avaient lu et relu l'histoire d'Olympia Morata.

Ce témoignage, si gracieux et si charmant, m'a vivement touché, et je vous assure qu'il n'est pas d'éloge qui valût pour moi l'aimable offrande de ces jeunes filles, sur une cime ignorée des Alpes! Aussi, suis-je redescendu le cœur joyeux, avec le désir de ne jamais rien écrire qui fut indigne de l'encouragement, si pur et si doux, que je venais de recevoir.

J'ai aussi retrouvé mon bateau à Clarens; je l'ai fait repeindre de blanc et de noir, comme l'hirondelle dont il a la légèreté.

Le soir, au coucher du soleil, nous faisons quelques promenades sur le lac.

Les matinées sont consacrées au travail, et j'espère terminer bientôt un des ouvrages dont je suis occupé et dont je vous ai lu quelques pages.

Recevez, pour vous et mon cousin, mes plus amicales salutations.

LVII

A Madame Jules Bonnet, à Paris

Clarens, 27 octobre 1856.

C'est avec un retour de tristesse que je t'écris. Le ciel est gris et ne laisse pas arriver, jusqu'à nous, un rayon de soleil à travers l'épais bandeau de brouillards. Le lac et les montagnes ont, je ne sais quoi de terne qui porte la mélancolie à l'âme, et je ne puis secouer cette impression même en t'écrivant.

Combien différente la semaine dernière, de celle qui commence aujourd'hui ; un ciel d'azur, un chaud soleil, un paysage en fête et rayonnant de lumière. J'oubliais plus facilement ton absence. Je montais dans mon petit bateau et j'allais errer seul, mais non sans douceur, le long des rives tièdes de Montreux et de Territet. Je revenais au coucher du soleil et je passais doucement la soirée chez Mlle Grosjean ou chez les Mirabaud, ou près des excellents Frossard. Un jour même, je m'enhardis jusqu'à prendre la route d'Aigle — c'était jeudi dernier — et je surprenais, dans leur charmante maison, nos bons amis M. et Mme de Loës, qui me prodiguaient l'accueil le plus aimable.

Mme Caroline était cependant souffrante d'un gros rhume et au lit ; mais elle se levait pour me recevoir gracieusement, au coin du feu, et nous causions doucement de toi, d'Arlesheim, d'Emilie, de tout ce qui nous est cher, de tout ce que nous avons aimé en commun.

Après dîner, je faisais une jolie promenade avec M. Aloys, à l'entrée du val des Ormonts, et je m'en revenais le soir tout heureux de ma journée. L'horizon de mes pensées était alors si pur et si beau! Je m'occupais avec plaisir de la préparation de mon cours, d'une foule de choses, et aujourd'hui je n'ai ni joie, ni ardeur. J'ai tort de te le dire, parce que cela jettera une ombre sur ton propre bonheur, et que peut-être demain, je serai un peu consolé; que d'ailleurs dans mon ciel triste et voilé, c'est un coin de félicité pour moi de te savoir heureuse, bien entourée, jouissant de ces douces affections de la famille dont tu n'auras plus ici que le souvenir.

Je n'ai pas de lettres de mon père, ni d'Adolphe, ni de réponse d'Edimbourg; ce n'est pas fait pour me consoler. Tu y réussiras mieux en m'écrivant; il me semble que tu m'écris trop peu, que tu as tant de choses à me dire, tandis que moi, je n'ai rien d'intéressant à te communiquer.

J'ai dîné samedi chez Mlle Gaberel; elle a dans ce moment auprès d'elle Mme et Mlle Töpffer, qui paraît très aimable. Je suis sûr que tu la verras avec plaisir. Madame est très malade. Adieu.

LVIII

Clarens, 29 octobre 1856.

Je ne veux pas te laisser trop longtemps sous l'impression de ma lettre mélancolique d'avant-hier, et je reprends, sur un ton moins abattu, l'entretien interrompu que ta lettre de ce matin vient agréablement renouer. Notre ciel est redevenu beau, ce qui, tu le sais, influe singulièrement sur le cours de mes idées, et un chaud soleil rayonne sur ma table au moment où je t'écris. Je te dirai donc que mon cours, à Vevey, est chose décidée; seulement l'époque qui en avait d'abord été fixée au 15 novembre, est reportée, d'après les conseils de Mme Couvreu-Micheli, en janvier, parce que c'est seulement après le premier de l'an que les familles sont affranchies de préoccupations et de travaux de toutes sortes, et libres de suivre un cours qui vient offrir une agréable diversion à leur esprit.

A l'occasion de ce cours, j'ai été heureux de faire connaissance avec quelques-uns des membres de la famille Couvreu, qui sont très aimables et qui désirent beaucoup te connaître. Hofer s'est montré aussi des plus empressés à recueillir des souscriptions. Son piano, qui fut le tien, a passé des mains de Mlle Kunkler dans une maison étrangère; tu auras donc à en chercher un nouveau. Tu ne peux guère te passer de piano pendant les longs jours d'hiver.

Tu retrouveras la maison embellie. Mme Mayor s'est décidée, sur mes conseils, à faire repeindre la porte d'entrée et le corridor qui, tu le sais, en avaient grand besoin. Elle est toujours pleine d'attentions et m'offre les plus beaux raisins de sa vigne. J'ai été aux vendanges chez Rivaz et à celles du Chatelard, sans parler de celles de la villa Grosjean, dont les hôtes sont assez habituellement mélancoliques, quoique pleins de bonté pour moi.

Mme Mirabaud s'est humanisée à leur égard, et les a invités à passer la soirée chez elle. On fait de la charpie autour d'une table. On cause, on lit. La dernière soirée à laquelle assistaient quelques dames, a été fort agréable. M. Mirabaud m'envoie chaque matin les *Débats*, avec une inscription amicale que je lui rends de mon mieux. Tu vois que je suis assez gâté, et que je puis un peu prendre patience pour ton retour.

J'approuve ton idée de visite à Mme Michelet. Tu referas, en esprit, avec elle, ainsi que nous l'avons souvent fait à nous deux, la jolie promenade de Glion, celle où tu la voyais préserver de la canne meurtrière de M. Gaberel, le petit orvet doré dont elle se nouait gracieusement un bracelet, pendant que je gravissais les pentes vertes, à côté de M. Michelet et que le charme de sa conversation faisait renaître, en moi, les admirations d'autrefois. Je veux parler des jours où, sur les bancs du Collège de France, nous écoutions ce maître qui savait faire jaillir l'étincelle et entre-

tenir le feu sacré dans le cœur de la jeunesse,
l'historien enfin, qui unissait au savoir du bénédictin, les dons de divinateur et de poète.

Je finis ma lettre en te souhaitant de belles
journées, pareilles à celles où je t'écris, et en te
disant à bientôt.

Frédérika Bremer est par ici et l'on dit qu'elle
se propose de me rendre visite.

LIX

Clarens, 5 novembre 1856.

Ma dernière lettre te faisait pressentir une visite illustre qui m'était réservée à Clarens; celle de
Mlle Frédérika Bremer. C'est aux *Filles de Curione* et à *Olympia Morata* que je dois, à ce qu'il
paraît, cet honneur auquel je m'attendais peu,
ainsi que les relations tout aimables que j'ai for-
mées, depuis, avec l'auteur des *Voisins*. Tu connais mes préventions, non contre les femmes savantes et distinguées que je glorifie de mon
mieux dans le passé, mais contre celles qui font
profession de courir le monde pour observer les
gens et les décrire, catégorie qui se rapproche
singulièrement de la classe prétentieuse du bas
bleu dont Mme Young m'a dégoûté en ces derniers
temps. Eh bien ! il ne m'en coûte pas de confesser
que ces préventions se sont évanouies devant le
charme sérieux, la grâce, la simplicité de Mlle

Bremer. Elle m'a paru, non pas belle assurément, mais moins laide que ne le dit la malignité publique, par la voix de ses amis, car rien n'est médisant comme un ami, et ses grands yeux, son front largement ouvert et portant l'empreinte de la méditation, ne sont pas sans distinction et sans charme.

La bonté, tel est son trait distinctif, et sa conversation révèle bientôt une âme élevée qui n'a que de généreuses préoccupations. L'émancipation intellectuelle et morale de la femme, que la législation retient en Suède, dans une minorité perpétuelle, tel est le but de ses efforts actuels, et son dernier écrit, *Hertha ou l'histoire d'une âme,* a, dit-on, éloquemment prouvé la nécessité d'une réforme à cet égard.

Pour le moment, elle est établie à Vernex, maison de la Poste, où elle doit passer une quinzaine, avant de se rendre à Lausanne et à Genève pour l'hiver. Je lui ai présenté M. Mirabaud qui lui a offert, samedi dernier, une brillante soirée littéraire et musicale. *Idelette de Bure* en a fait les honneurs et a été goûtée. Mlle Bremer nous a joué quelques airs populaires de Suède sur le piano ; c'était charmant. Que n'étais-tu là ! Je n'étais pas seul à le penser. Aujourd'hui, c'est Mlle Grosjean qui nous offre un splendide dîner auquel assisteront Mmes Vinet, Alexis Forel, et dont un chamois sera l'ornement. Au dessert, c'est-à-dire au café, **M.** et Mlle Frossard, les dames Barillet **et** plusieurs autres notabilités locales, sont invitées et auront l'honneur d'être présentées à Mlle Bremer. Tu vois que Mlle Grosjean fait les choses grandement ! Si je pouvais seulement dérider son frère ! C'est hélas ! bien difficile.

Je regrette beaucoup que tu ne puisses prendre aussi ta part de ces petites fêtes, mais celle dont tu jouis, auprès de tes parents, vaut mieux encore, et tu n'es pas très pressée de l'échanger contre ces joies de l'exil. Ne te laisse cependant pas surprendre par les neiges qui rendront le passage du Jura peu agréable, et tâche d'arriver avant les derniers soleils. Tu trouveras la maison restaurée à l'intérieur, avec diverses améliorations qui en rendent le séjour plus attrayant.

Les gens de la pension sont chaque jour plus intéressants pour moi, et nos deux messieurs allemands sont hommes distingués. Je cause, à table, latin avec eux quoiqu'ils sachent passablement le français. Nos deux jeunes sœurs de Coblenz sont aussi aimables.

Somme toute, nous sommes bien partagés, et l'hiver ne se présente pas sous des couleurs trop sombres. Ecris-moi le jour de ton arrivée à Lausanne, où j'irai t'attendre, ayant besoin d'emprunter, par la même occasion, quelques livres à la Bibliothèque.

LX

A Mademoiselle C. Grosjean, à Genève

Clarens, 30 novembre 1856.

Chère mademoiselle, c'est à moi, si je ne me trompe, à rompre le premier le *charme* du silence pour vous donner des nouvelles de Clarens, en retour de celles que vous nous promettez de Genève. Sachez donc que nous sommes heureusement rentrés, malgré vents, pluie et neige, en possession de ce *home* où il est doux de ne pas rentrer seul et de retrouver ce qu'on aime.

Notre petit salon bien clos, chauffé par un poêle excellent et orné des dernières fleurs de l'automne, est un asile dont j'apprécie infiniment la douceur, et quand un furtif rayon de soleil, hélas! trop rare, égaré par les nuées de neige, vient à s'y glisser, tout se transfigure aussitôt, et les vieux livres eux-mêmes, épars sur une table ou à mes pieds, semblent sourire à cette dernière apparition des beaux jours. Ils se sont bien envolés, sur vos pas, et ceux de l'excellente famille Mirabaud !

Je vous ai suivie de cœur auprès de votre frère. Dites-lui que je l'aime et que si je n'ai pas été toujours pour lui un bon et aimable compagnon, comme je le devais, cela tient à ce mauvais génie de la contradiction qui se glisse toujours entre amis et qui gâte tout ce qu'il touche. Nous discuterons moins à l'avenir, et nous aimerons davantage. Clarens ne peut manquer, malgré ses épines secrètes — et toute rose a les siennes — de redevenir doux et beau pour votre frère, à la condition qu'il se repose cet hiver, et que Dieu lui rende un retour de santé.

J'espère que déjà ce mieux lui est accordé et que, la *hausse* y aidant, le retour à Genève, les distractions du cercle, une activité sagement modérée, auront produit l'effet que nous espérions. Il me sera doux de le savoir; votre vie n'est-elle pas la mienne maintenant, et s'il ne m'est plus donné de m'asseoir à votre foyer, comme à ces jours passés déjà devenus autrefois, ne dois-je pas y retourner, en esprit, et vivre par les souvenirs?

Rien de nouveau ici, après les départs multipliés qui ont laissé un vide dans nos cœurs. Je m'ensevelis dans l'étude; je prépare mon cours fixé au 7 janvier prochain, pendant que ma femme lit, brode, coud et me soutient du regard. La vie à deux, après une longue solitude, semble meilleure et communique une vertu au cœur et à l'esprit.

Ecrivez-nous bientôt; dites nos meilleures amitiés à votre frère et agréez l'expression de notre respectueux et fidèle attachement.

LXI

Clarens. 22 décembre 1856.

C'est sous l'impression, d'heure en heure plus triste, des événements (¹) qui semblent se précipiter pour la Suisse, que je vous écris ces mots à la hâte. Nos cœurs sont dans l'angoisse pour un pays que nous aimons comme une seconde patrie, pour tant de familles qui nous sont chères et qui sont en ce moment appelées à de bien douloureuses séparations. A ne regarder qu'aux hommes, tout est sombre et presque désespéré !

Dieu seul peut nous épargner les horreurs d'une guerre nouvelle !

Genève doit ressentir bien vivement le contre-coup des émotions de la Suisse entière, et vous devez souffrir doublement pour vous et pour votre frère, de ces anxiétés publiques dont nous prenons aussi notre part. M. Rochat, que j'ai vu hier, me dit avoir trouvé M. Grosjean triste et souffrant. Hélas ! je le comprends bien, car voilà quelques-unes de ses plus affligeantes prévisions réalisées. Espérons toutefois, même contre toute

---

(¹) La question de Neuchâtel préoccupait alors tous les esprits et semblait s'aggraver de jour en jour. Le Conseil fédéral venait d'appeler sous les armes deux divisions, et d'ordonner la mise en disponibilité du reste de l'armée.

espérance, qu'elles ne le seront pas jusqu'au bout et qu'une solution honorable, conciliante, est encore possible avant que le fléau de la guerre soit de nouveau déchaîné sur ce pays.

Que vous dirai-je de Clarens qui ne perde de son intérêt au milieu des alarmes et des appréhensions universelles. Vos amis du Basset vont bien. M. Passavant, que je rencontre quelquefois sur la route de Vevey, vous transmet ses salutations. Nos amis Frossard, chez lesquels nous continuons, de semaine en semaine, nos soirées d'entretiens et de lectures, se rappellent à vos meilleurs souvenirs.

Vos désirs concernant le jeune Corse de la maison Perret ont été accomplis.

Enfin, je puis vous donner les meilleures nouvelles de votre maison qui, ouverte au soleil, par ces beaux jours, semblait regretter ses maîtres absents et garder,

> ... « Comme un parfum, dans le vase resté,
> Un air de bienvenue et d'hospitalité. »

Nous allons quelquefois cueillir des roses, dans votre jardin, en pensant à vous.

LXII

Clarens, 30 décembre 1856.

Je ne veux pas adresser un message à Saint-Antoine, sans me souvenir aussi du Bourg de-Four. Merci donc de votre lettre qui nous a fait vivre à Genève et palpiter de vos craintes et de vos espérances. L'horizon semble s'éclaircir un peu. Espérons que les hommes ne gâteront pas l'œuvre de Dieu, qui se manifeste par l'opinion des peuples étrangers, chaque jour plus favorable à la Suisse, et qui sera sans doute écoutée.

L'attitude si noble et si patriotique de votre pays, l'esprit de sacrifice qui se déploie partout en face d'une agression injuste, forme une des plus belles pages de votre histoire, et ne contribuera pas peu à déjouer les périls qui vous menacent encore.

J'espère que votre villa de Clarens ne sera pas convertie de sitôt en *caravanserail* militaire. En tout cas, je suis là et je veillerai. Rien de nouveau ou de changé à Chillon, et M. Vulliemin, avec lequel j'ai passé une charmante soirée, au Chatelard dimanche dernier, n'aura pas, j'espère, de nouvelles pages à ajouter à son *Histoire*.

Nous avons eu à Noël une excellente prédication de M. Victor Cuénod, dont la santé se fortifie de jour en jour. M. Frossard et sa sœur sont toujours, pour nous, les meilleurs amis du monde.

Dites à votre frère nos vœux de cœur, pour l'amélioration de sa santé et son heureux retour à Clarens, en des jours de paix et de calme.

LXIII

A Monsieur Pierre Bonnet

Clarens, 14 janvier 1857.

Cher père,

Il est temps de te donner de nos nouvelles, en te parlant un peu de la Suisse, à laquelle tu n'as pas cessé de t'intéresser, malgré tes progrès affligeants dans le bonapartisme.

Si l'attitude du gouvernement français dans la question de Neuchâtel, avait été dès l'origine ce qu'elle aurait dû être, si l'empereur s'était montré moins oublieux de la conduite équivoque de la Prusse dans la guerre de Crimée; s'il avait enfin consulté davantage les conseils de l'opinion qui est partout unanime en faveur de la Suisse, la question serait depuis longtemps résolue, et le roi de Prusse, débouté de ses prétentions, n'aurait dit mot. Mais il en a été tout autrement, et par sa complicité avec les puissances du Nord, l'empereur a failli provoquer une guerre universelle,

dont il prévoit aujourd'hui les dangers ; aussi
finissant comme il aurait dû commencer, il devra
se ranger du côté de la Suisse, sans avoir, du
reste, aucun droit à la reconnaissance d'un
peuple qui ne doit qu'à lui-même, à sa coura-
geuse attitude et à son patriotisme, l'heureuse
solution qu'il est permis maintenant d'espérer.
Voilà le vrai mot de la question. On avait compté
sur une Suisse faible, divisée, incapable de
grands sacrifices, et on s'est trouvé en présence
d'un petit peuple uni comme un seul homme,
résolu à verser jusqu'à la dernière goutte de son
sang pour la défense de son honneur... Alors on
s'est ravisé.

Cette triste page de notre temps sera une des
plus belles de l'histoire de la Suisse ; elle a
montré qu'elle était digne de la liberté, en ne
reculant devant aucun sacrifice pour sa défense,
et les diplomates y regarderont à deux fois,
malgré leur finesse, avant de laisser tirer le premier coup de canon qui pourrait mettre le feu
aux poudres, dans toute l'Europe.

Chaque jour, nous voyons défiler, sur les rives
de notre beau lac, au chant de la *Marseillaise,*
de braves montagnards qui s'en vont gaîment
défendre la frontière du Rhin, et préparer une
chaude réception à la Prusse, si elle s'aventure
de ce côté. Mon ami Achille Alioth est occupé,

nuit et jour, la boue et la neige jusqu'aux genoux. à diriger les travaux des fortifications de Bâle qui demeureront comme un monument du patriotisme de cette ville, où de généreux citoyens donnent des sommes énormes, pour l'entretien des familles pauvres qui ont envoyé leurs soutiens à la frontière. Aujourd'hui, on peut, sans doute, assurer que la guerre n'aura pas lieu; mais la Suisse fait bien de pratiquer jusqu'au bout la vieille maxime :

« Prépare-toi vigoureusement à la guerre, si tu veux
[la paix. »

Il ne me reste que quelques lignes pour te parler de nous, et pour te dire que nous jouissons de la meilleure santé. Mon cours public de Vevey est différé de quelques semaines à cause des événements.

Adieu, cher père; combien j'aime le récit de tes promenades et comme je te suis, d'un pas léger, dans nos garrigues si pleines de souvenirs !

LXIV

Clarens, 14 mars 1857.

Avec quel bonheur mêlé de regrets j'ai lu ta lettre, où tu nous racontes ton excursion à la Calmette, ta promenade aux Buissières et le long de ma chère rivière, en compagnie de nos bons parents que j'aimerais tant à revoir. C'est du moins quelque chose de revoir tout cela en esprit, dans une lettre longue et détaillée comme je les aime.

Le jour où tu faisais ce charmant voyage, je terminais mon cours à Vevey, et je trouvais ma chaire jonchée de bouquets de violettes, dernier adieu de mes auditeurs, dont le parfum ne me paraît pas moins délicieux que celui des fleurs qui émaillaient pour vous, le bosquet et les rivages de Braume, aux poétiques souvenirs.

Maintenant, je me repose sur mes violettes, en guise de lauriers ; on me redemande mon cours à Genève, à Neuchâtel, où je me soucierais pourtant assez peu de le donner pour le roi de Prusse. D'ailleurs, la saison est avancée ; les familles prendront bientôt la clé des champs, et je crois que je ne devrai répondre, à cet appel, qu'au mois de novembre ou de décembre prochain, en revenant d'Italie.

En ce cas, je te ferais une visite en septembre, surtout si nous réalisons nos projets définitifs d'établissement à Paris. Ce sera ton tour, alors, de nous rendre les visites que nous t'avons faites, et tu te feras, je l'espère, un peu moins tirer l'oreille que pour venir à Clarens.

Je suppose que la belle saison ramène, pour

vous, quelque agréable partie de boules au **mazet**
Louis, dont l'allée a dû acquérir ce degré de per-
fection qui en fait un lieu unique pour ce genre
de divertissement. Ici, nous avons un printemps
saupoudré de neige; mais les fleurs n'apparaissent que plus brillantes sous l'uniforme linceul
qui les couvre à demi. Notre table est une cor-
beille de primevères et de crocus de **toutes**
couleurs qui me tiennent très bonne compagnie.
Cela fait rêver à bien des choses d'autrefois !

LXV

A Monsieur S. Alioth

Courbevoie, 13 juin 1857.

Cher ami, c'est à Courbevoie que m'a rejoint
ton aimable lettre, à laquelle je réponds **sans**
retard. Un seul point surnage au-dessus de **nos**
incertitudes actuelles, les bains de mer que nous
irons prendre, en famille, aux premiers jours de
juillet, sur la plage de Sainte-Adresse, près du
Havre. J'aurais préféré Saint-Valery ou Luc **près**
de Caen qui offre, dit-on, le sable le plus **doux**
aux baigneurs; mais Mme Zipperlen ayant **déjà**
fait une première cure au Havre, est si enchantée
de l'agrément des relations et de la beauté **des**
promenades que présente le coteau d'Ingouville,

qu'elle n'y rêve qu'un pavillon, durant les chaleurs de l'été. Serais-tu disposé à y dresser ta
tente, à côté de la nôtre ? Aucune perspective ne
me serait plus agréable, et la saison des bains
m'apparaîtrait presque aussi belle que les joies,
dont il faudra peut-être se sevrer, cette année,
d'un séjour d'automne à Arlesheim. Si je dois
revoir le Midi, ce ne sera guères qu'en septembre,
trop tard pour y retrouver la trace de tes pas.

L'image de l'Italie flotte encore à mon horizon
avec cet attrayant sourire auquel on ne sait pas
résister, alors même que sur cette terre de prestiges, on doive emporter avec soi, le mélancolique regret des plaisirs simples et purs que
résume le nom d'Arlesheim.

Toutefois, je ne veux pas désespérer entièrement du revoir, dans notre Arcadie, et l'incertitude de mes projets, pour l'automne et l'hiver,
a, du moins, le mérite de ne m'interdire absolument aucun espoir. Si tu dois, de ton côté, te
diriger vers la Manche, en faisant choix d'une
plage qui ne serait pas la nôtre, nous pourrions
nous consoler, du moins, par quelques visites
réciproques, de l'ennui d'une séparation.

Merci pour les détails de famille que tu nous
donnes. Je puis te donner, à mon tour, les meilleures nouvelles de ma ravissante petite nièce, et
d'une jeune Mathilde, aux joues roses, que

Mme Albane présente aussi à nos hommages. Ces jeunes dames désirent être rappelées aux souvenirs de tous les tiens, et je joins à leurs salutations, l'expression de mon vieil et fidèle attachement.

LXVI

A Mademoiselle C. Grosjean

Sainte-Adresse, prés le Havre, 15 juillet 1857.

Chère mademoiselle,

C'est d'une jolie maisonnette, au bord de la mer, où nous sommes agréablement installés en famille, que je vous trace ces lignes.

Sous mes fenêtres, un jardin, une allée de peupliers que je compare aux Pamplemousses de Paul et Virginie et qu'animent les jeux de ma charmante petite nièce. Au fond, la grande mer, avec ses voiles blanches, ses teintes bleues ou sombres, et cette indicible mélancolie qu'elle porte toujours à l'âme; voilà le tableau qui ne le cède en rien, vous le voyez, à celui de votre pays, mais qui n'a pas ce charme pénétrant des lieux où l'on a vécu, aimé, et je demeure incorrigible, dans mon amour et mes regrets de Clarens. C'est plus fort que moi! Dans nos promenades du soir, sur les falaises, avec les splendeurs du couchant et le double infini de la mer et du ciel se déroulant à nos yeux, je me souviens du lacet des Alpes, et mes pensées s'égarent, par d'invisibles sentiers, vers les rives et les monts qui recèlent pour moi de magiques souvenirs! Mme Bonnet, plus tempérée, sait jouir sans arrière-pensée et m'assure, non sans raison, que l'on gâte tout avec cette manie de comparer et de se souvenir à tout propos. Mais qu'y faire? Ne se souvient pas, et n'oublie pas qui veut, et l'imagination est plus voisine du cœur qu'on ne le croit communément.

Votre lettre a délicieusement ravivé bien des choses en moi, et je vous en remercie. Que n'étais-je votre compagnon ou votre guide, dans une de ces promenades que vous me racontez si bien, et dans un de ces poétiques *casse-cou* où s'était engagée, sur vos pas, une illustre voyageuse[1]. Puissé-je la rejoindre en Italie. Et votre frère, où est-il maintenant?

> ... « En quels lieux, quels séjours,
> Le vent de l'inconstance a-t-il poussé ses jours? »

J'aimerais le savoir pour lui adresser, sous forme de lettre, une de ces errantes pensées que

[1] **Frédérika Bremer**.

je livre aux nuages et aux flots, et qui n'éveillent pas un écho ami.

Je pense souvent à vous, à votre amitié indulgente et sûre dont je n'ai pas assez profité quand je l'avais sous la main. Maintenant, vont commencer pour moi des temps nouveaux. Vous m'aimerez de loin ; vous vous souviendrez. Notre établissement à Paris est définitivement résolu, après mon retour d'Italie, autant du moins que la fragilité humaine a le droit de tenir ce langage.

J'ai pris la liberté de vous adresser une très excellente amie catholique, Mme Béchard et son fils. C'est la femme d'un avocat et député libéral qui a noblement soutenu M. de Gasparin, dans sa croisade en faveur de la liberté des cultes. L'avez-vous vue ?

Bien à vous.

LXVII

A Monsieur Grosjean-Bérard

Sainte-Adresse, 30 juillet 1857.

Très cher Monsieur Grosjean, vous voilà donc réduit, à votre tour, à la monotone existence de baigneur, dans la romantique vallée de Bade, tandis qu'un destin jaloux me condamne à faire mes ablutions dans les ondes amères de l'Océan.

A qui de nous la meilleure part?... Je ne sais, mais je partagerais volontiers la vôtre pour me rapprocher d'un pays que j'aime comme une autre patrie, et du lac qui sera mes amours... toujours !... L'existence est ici, comme dans tous les bains, d'une régularité parfaite, qui n'oscille qu'avec la marée, et dont les événements se pressent toujours les mêmes, entre le lever et le coucher du soleil. Rien de plus animé que la plage à l'heure où la vague plus douce attire de préférence les baigneurs. C'est une variété de costumes et de poses qui va, par mille nuances indescriptibles, du plaisant au sévère, du sublime au ridicule.

Nous formons en famille une phalange sacrée, un groupe éminemment intéressant composé de Mme Bonnet, sa mère, sa sœur et une ravissante petite nièce, dont les mines éplorées et les cris d'effroi aux approches de la lame, divertissent les spectateurs. Seul, du groupe, j'ose m'élancer en pleine mer, ramené trop tôt par une vague traîtresse qui se rit de mes efforts, et m'abreuve, à longs traits, de son écume. Je reprends, en chancelant, le chemin de ma cabine, tout étonné, à quatre pas de là, de me retrouver si solide, et si vigoureusement trempé pour le reste de la journée. C'est l'heureux effet des bains de mer quand ils ne produisent pas le contraire, et jus-

qu'ici je n'ai qu'à me louer d'un régime **agréablement** diversifié par les lectures et les **promenades.**

Les fêtes multipliées de nos environs offrent
d'ailleurs d'intéressantes distractions, à qui peut
en jouir. C'était dernièrement le concert de tous
les Orphéonistes de France, à Caen, une des plus
belles villes de la Normandie. Je m'y suis rendu,
par un temps magnifique, en longeant les côtes
de Trouville et du Calvados, et en remontant la
jolie rivière de l'Orne. C'était une surprise mé-
nagée à nos bons amis Toupet, qui m'ont offert
la plus gracieuse hospitalité, dans la charmante
habitation de leur mère. La ville tout entière
avait pris un air de fête, qui sied à merveille à
ses monastères et à ses églises du temps de
Guillaume le Conquérant. Le jour, chants et
processions dans les rues et les promenades
plantées d'ormes séculaires ; le soir, illuminations et concert monstre sur l'eau, féeriques
réminiscences du canal Grande de Venise, avec
d'aimables *a parte* sur Clarens et les bons amis
de la Suisse. Même, l'ascension des Pléïades,
avec son héroïque dégringolade, n'a pas été
oubliée et M. Toupet aimait à se souvenir du
second compagnon, et non pas le moins gai de
cette course alpestre. Voilà un des plus agréables
épisodes de mon existence de baigneur, et avec

mes promenades du soir, sur les falaises, un léger crayon de notre vie.

C'est à vous maintenant de nous parler de la vôtre. de vos peines que je souhaite légères, de vos plaisirs que je souhaite constants, et que je place surtout dans la rencontre de quelques figures amies, dans l'heureux effet des bains qui vous prépareront, je l'espère, à passer près de votre sœur, une agréable saison d'automne. Savez-vous que M. Mirabaud sera installé, dès le 15 août, pour deux mois, à Clarens ? Voilà une perspective réjouissante pour vous et pour moi, puisqu'elle coïncide avec les quelques semaines que je compte passer sur les rives de votre beau lac, avant de partir pour l'Italie.

Souvenez-vous de vos amis de Clarens, comme ils se souviennent, tous deux, de vous.

LXVIII

Courbevoie, 28 août 1857.

Merci, trois fois merci pour votre aimable lettre, qui m'a permis de vous suivre en esprit de Baden à Clarens, où je ne dois pas trop tarder à vous rejoindre, si je ne veux me laisser surprendre par les neiges qui pourraient bien fermer, avant la fin de septembre, le passage du

Saint-Bernard, par lequel j'ai l'intention de me
rendre en Italie. Aussi, malgré les regrets qui
s'attachent naturellement, pour moi, à un départ
solitaire, suivi d'une longue séparation de ma
chère femme, ai-je fixé mon départ pour la
Suisse au lundi 31, et j'espère toucher, dès le
lendemain, par un des premiers bateaux correspondant avec Morges, la rive de Montreux où je
me laisserai volontiers enlever par vous, si vous
êtes là pour me recevoir dans votre nacelle, élégamment restaurée et digne de son nouveau maître.

Il m'est bien agréable de penser que je retrouverai, à la première halte de mon pèlerinage
scientifique, votre amitié et celle de votre bonne
sœur, sans compter l'aimable voisinage des Mirabaud installés, sans doute, à cette heure, dans
leur maison trop longtemps délaissée. Dites-leur
d'avance mes compliments très affectueux, sans
oublier nos amis Frossard, et agréez, pour vous,
l'expression de mon fidèle attachement.

LXIX

A Madame Jules Bonnet, à Paris

Clarens, 2 septembre 1857.

Me voici agréablement installé avec armes et
bagages, c'est-à-dire avec mes papiers et mes

livres déjà rangés autour de moi, dans une des plus agréables chambres de la maison Grosjean, avec vue sur Clarens, Montreux et le lac.

A mon débarquement ici hier, à dix heures du matin, j'ai rencontré l'aimable M. Grosjean, venu pour m'enlever dans son bateau, et m'offrir l'hospitalité que Mme Mayor ne pouvait me donner que dans une chambre quelconque du village. J'ai subi, sans murmurer, cette douce violence, préméditée entre le frère et la sœur, mais exécutée par un seul, en l'absence de Mlle Grosjean, partie dès le matin même de mon arrivée, pour Genève. Mme Mayor a pris la chose aussi gracieusement que possible, et je puis jouir sans remords de la charmante hospitalité qui m'attendait ici.

Je te parlerai peu de mon voyage, qui, quoique très rapide, m'a donné une véritable fièvre à cause des changements perpétuels de voitures. Dans la bagarre de Lausanne, entraîné par un omnibus, tandis que Mlle Gauthey courait après sa malle déposée dans une autre voiture, je n'ai pu que jeter un rapide adieu à ma compagne de voyage dont la société m'a été douce, et arriver à Ouchy, une seconde ou deux avant le passage du bateau. J'ai rencontré là, selon mon habitude de rencontres heureuses et inespérées en voyage, devine qui ?... Mlle Frédérika Bremer qui a couru à moi, avec son amabilité ordinaire, **et** donné rendez vous à Rome ou à Naples, **en** novembre prochain. Elle se rendait, avec les demoiselles Coulin, au Mont-Rose, de là à Turin, et dans les Eglises Vaudoises du Piémont. Elle passera ensuite quelque temps en Toscane, peut-être à Sienne, ville éminemment italienne, où elle veut se reposer et se perfectionner dans la langue du pays ; en sorte que nous pourrions nous retrouver d'abord dans la patrie des Socin et de Paleario.

Notre charmante Mlle Jenny L... aujourd'hui rétablie, sera sa compagne de voyage à Rome **et** à Naples.

Voilà un des plus intéressants épisodes de ma traversée. A Orbe, restitution du manteau prêté, rencontre de M. et de Mme de Gasparin, se rendant auprès de M. Boissier malade, mais non gravement, au Rivage. L'un et l'autre ont été fort aimables, et seront heureux de nous revoir ensemble cet hiver, à Genève.

Le ciel radieux et pur à mon arrivée, s'est bientôt assombri. Cette nuit, orage épouvantable ; ce matin, *Vaudaire* retentissante sur le rivage. J'ai revu très rapidement les Frossard absorbés par leur maison, qui donne enfin signe de vie, du moins à l'œil, sur l'horizon de Montreux. J'ai tenu à commencer ma journée par le travail et

mes manuscrits vont être, je l'espère, rapidement
en état de se diriger sur Paris. Je désire que ces
deux ou trois semaines soient bien remplies, et
soient ainsi une heureuse introduction à mon
voyage d'Italie, qui m'apparaîtrait si beau, si tu
étais, ô douce amie, ma compagne, à travers les
monts que tu aimes tant !

M. Grosjean est d'une bonté charmante. Tout
le monde est ici aux petits soins pour moi, en
attendant la maîtresse de céans. Voilà de quoi te
réjouir, jusqu'à de plus amples nouvelles.

LXX

Clarens, 12 septembre 1857.

Rassure-toi, ma chère amie, grâce aux bons
soins de mes hôtes, et aux infusions adoucis-
santes, mon rhume est déjà dissipé et notre ami,
M. Grosjean, qui vient de partir pour Genève, se
plaint de ce que tu as méconnu son amitié, en
lui attribuant des remèdes violents dont il use
tout au plus pour lui-même, tandis qu'il réserve
ses plus douces pharmacies, gelée de groseilles,
oranger, lait de poule, etc., pour ses amis.

Mlle Grosjean nous est revenue lundi, et je
suis le compagnon de sa solitude, après avoir été
celui de son frère. Je me suis décidé à ne quitter
Clarens que pour mon grand départ, du 22 au

25 courant, et je remets au mois de janvier les travaux complémentaires qui ne peuvent s'achever qu'à la Bibliothèque de Genève.

M. Gilchrist([1]) a, d'ici là, assez de besogne taillée, sans compter le manuscrit que je lui enverrai d'ici, par occasion. J'irai, tout au plus, à Lausanne, passer quelques heures à la Bibliothèque et voir M. Vulliemin. Je fais par correspondance tout ce qui est susceptible d'être réglé de la sorte.

N'ayant pas reçu de réponse de M. Cibrario, au sujet des libres recherches que je veux faire à Aoste, j'ai écrit au comte de Cavour, par l'intermédiaire de M. Tronchin, et j'attends.

J'ai vu M. Gaberel, avec lequel j'ai traité de mon cours, à Genève, et qui annoncera la chose, par lettre, dès le mois d'octobre, au public genevois. Tout le monde, du reste, est à peu près instruit de mes projets de cours, à Genève, et y applaudit.

Passons à des sujets plus intéressants. J'ai pris le thé, ces derniers jours, chez Mlle Gaberel qui est toujours l'amie la plus sincère et la plus dévouée([2]), et qui exerce, dans son salon, le

---

([1]) Professeur à Duplessis-Mornay et traducteur, en anglais, des lettres de Calvin publiées aux Etats-Unis.

([2]) Michelet, qui avait passé quelques semaines sous son toit, disait d'elle : « Je l'aurais crue, une princesse italienne ou espagnole, si je ne l'avais sue genevoise. » L'*Insecte*, p. 22.

prosélytisme le plus aimable en ma faveur, auprès des dames genevoises, mes auditrices futures. Je lui ai promis d'aller lui demander à dîner, un jour de la semaine prochaine, et de la conduire à Cubly, avec toute une intéressante compagnie.

Un orage épouvantable ayant éclaté pendant que je me trouvais chez elle, j'ai été gracieusement ramené en voiture, à Clarens.

Si je ne reçois pas ici, à temps opportun, l'autorisation de faire mes recherches à Aoste, je serai obligé d'aller la chercher à Turin, en changeant mon itinéraire, ce qui me contrarierait singulièrement. Le silence de M. Cibrario, qui s'est toujours montré si aimable pour moi, ne peut s'expliquer que par son absence.

Les Frossard, dont la maison grandit à vue d'œil, t'envoient leurs salutations. Mlle Frossard avait préparé pour toi, une lettre demeurée en portefeuille; ne la regrettes-tu pas?

M. Bailcy m'a déjà proposé toutes sortes d'excursions alpestres; mais je suis incorruptible, et borne mon ambition à Cubly ou aux Pléïades.

Adieu, mille amitiés pour toi et les tiens.

LXXI

Clarens, 18 septembre 1857.

J'ai le regret de t'annoncer que je n'ai pas
encore reçu de réponse de Turin, et j'ai adressé,
de guerre lasse, une troisième demande, par
l'intermédiaire de M. Malan, banquier et député,
en sollicitant une réponse, ou plutôt une autorisation directe, transmise à Aoste. Je compte
partir mercredi prochain, et j'espère que je serai
favorisé de ce temps radieux qui brille sur le
lac, et qui donne aux couchers de soleil une
incomparable splendeur. J'en profite pour faire
quelques modestes promenades, à la prairie de
Cubly, par exemple, où j'ai cueilli encore des
gentianes. Mlle Grosjean m'accompagnait. Au
retour, quelle n'a pas été ma surprise, en trouvant inscrits, sur une carte de visite, les noms
suivants : Charles Cowan, membre du parlement, Miss Charlotte, etc.

Ces amis([1]) me témoignaient leur regret et me
donnaient rendez-vous, à Glion, où je les ai visités.
Impossible de se montrer plus affectueux et plus
aimables qu'ils ne l'ont été; mais pas un mot de
la publication anglaise de Calvin, quoique par

([1]) M. Bonnet les avait connus à l'époque de son séjour à
Edimbourg.

quelques mots jetés, çà et là, j'eusse donné à M. Cowan, l'occasion de s'expliquer sur ce sujet, s'il en eut eu le moindre désir. C'est avec joie que j'ai revu ces excellents amis, et cette charmante Miss Charlotte, que tu verras peut-être dans quelques jours, car elle se rend à Paris et m'a demandé ton adresse.

La visite de Cowan n'est pas la seule que j'aie reçue ici ; M. et Mme Ollivier affligés, comme tu sais, de la perte récente d'un fils, et venus à Vevey, pour un triste rendez-vous de deuil, avec une famille de Nüremberg, dont la fille, charmante enfant de seize ans, était fiancée au fils qu'ils ont perdu, sont allés, d'après mes conseils, à Glion, où je les ai recommandés. Ils jouissent, malgré leur douleur, du calme et de la paix de ces lieux rendus plus beaux par les magnificences de l'automne.

Lausanne, 3 heures.

J'achève à la Bibliothèque de Lausanne, la lettre commencée ce matin, à Clarens. C'est te dire que j'ai vu les Vulliemin partant en famille pour Moudon, et le cousin Jean-Louis Galliard, chez lequel j'ai dîné, avec ses deux belles-sœurs et leur frère, dont le visage semble annoncer un retour de santé. J'ai fait agréablement le voyage, en compagnie de M. Jules Chavannes et du professeur de la Rive de Genève — une de mes rencontres inespérées — qui s'est montré fort aimable et m'a offert une lettre pour le cardinal Antonelli, avec lequel il s'est fort lié à Rome. Tu vois que je ne pouvais tomber plus heureusement. Il m'encourage aussi beaucoup dans mes projets de cours sur la Réforme en Italie, au sujet desquels M. Cellérier m'a écrit une lettre charmante. Il m'annoncera dans le *Journal de Genève* et me préparera les voies pour janvier prochain.

Tu vois que mon séjour à Clarens ne m'a pas été inutile, à divers égards; je n'aspire maintenant qu'à partir, et j'attends bien impatiemment une réponse de Turin. M'arrivera-t-elle à temps? Devrai-je l'aller chercher à Aoste? Je ne sais. En tous cas, écris-moi un mot encore à Clarens. Ce sera un excellent viatique pour ton Jules, qui t'adresse un tendre adieu.

LXXII

Aoste, 27 septembre 1857.

Me voici enfin parvenu à la première station de mon voyage, et c'est sous les plus heureux auspices qu'il semble s'ouvrir.

Parti de Martigny, vendredi à cinq heures du

matin, avec un guide et un petit char pour mes bagages, j'arrivai à l'Hospice du Saint-Bernard à trois heures. La route, austère et triste, n'a pas cette magnificence qui se déploie sur la route de la Grande-Chartreuse ; des cimes nues ou blanches de neige, de rares forêts de sapins, des rochers accumulés sur les pentes ou écroulés avec une confusion sublime au milieu des torrents ; quelques misérables villages égaient peu cette route qui devient plus âpre aux abords du couvent. Les dernières heures du voyage s'achèvent à pied, et ce fut par un lugubre brouillard entremêlé de neige, que j'atteignis le toit hospitalier qui s'élève à plus de 8000 pieds de hauteur, comme le monument de la charité aux confins de la terre et du ciel.

Enveloppé de mon *plaid* écossais, qui m'a rendu dès ce jour les meilleurs services, j'avais pu me dérober aux pénétrantes humidités de ces cimes, et je n'en pris pas avec moins de plaisir ma place au coin du feu, dans la vaste salle à manger du couvent. Le religieux qui en fait les honneurs est instruit, distingué, et sut fort habilement diriger, à table, les conversations des nombreux voyageurs, Anglais pour la plupart, sur des sujets intéressants, le passage des Alpes par Annibal, et le séjour de Napoléon au Saint-Bernard, qu'il entremêla d'anecdotes re-

cueillies de la bouche d'un religieux mort, il y a
quelques années, à l'hospice de Martigny.

Après une nuit de sommeil et d'insomnies, durant laquelle je pus savourer à loisir la sombre
poésie du vent soufflant sur ces hauteurs, et gé-
missant avec le bruit des cloches dans les longs
corridors ; après une visite matinale à la bibliothèque, à la chapelle, au tombeau du général
Desaix, glorieuse victime de Marengo, je repris
ma course dans les brouillards avec un mulet et
un guide et arrivai au premier village qu'on rencontre du côté d'Aoste, Saint-Rémy, où, grâce au
secours d'un petit char pris en commun avec un
compagnon de voyage, j'atteignis rapidement
l'antique cité qui doit être le premier théâtre de
mes explorations.

Rien de plus poétique que l'aspect d'Aoste,
avec ses ruines romaines, ses tours gothiques
baignées par la Doire et surmontées de l'imposante couronne des Alpes. L'Italie m'apparaissait
pour la première fois, mais voilée dans son éclat,
et comme il convient au sortir des mornes solitudes où brille à peine un furtif rayon d'été, entre
deux hivers. A peine arrivé, je courais chez l'In-
tendant de la Province, et grâce aux instructions
libérales venues de Turin, je trouvai partout l'accueil le plus bienveillant. Les Archives municipales, celles du gouvernement me sont libérale-

ment ouvertes, et déjà, avec le concours d'hommes excellents, avocats, juges, professeurs qui s'intéressent à mes recherches, je suis sur la voie de précieuses découvertes. J'ai pu explorer les environs les plus rapprochés de la ville, qui sont admirables, visiter la maison qui servit d'asile à Calvin, et noter des faits curieux consignés dans quelques brochures locales ou dans des documents inédits, mis avec le plus gracieux empressement à ma disposition.

Je redoutais un peu la solitude en arrivant ici, et déjà je reçois des visites multipliées à l'hôtel, comme si, hier encore, je n'étais pas un étranger dans cette cité. L'esprit de la bourgeoisie est très libéral, le peuple seul est fanatique, parce que le clergé est très intolérant. J'ai néanmoins trouvé un aimable accueil auprès d'un chanoine, savant homme qui habite un cloître ravissant près de la cathédrale, et qui est très versé dans les antiquités d'Aoste. J'ai causé avec lui de Calvin (sans l'effaroucher) en évoquant ces souvenirs comme une des singularités de sa ville natale. Il m'a invité à visiter une belle collection de médailles romaines qu'il forme depuis trente ans et je lui dois par conséquent une seconde visite.

Dans une charmante promenade aux environs d'Aoste, sur une colline élevée d'où l'on suit les gracieux détours de la Doire, j'ai également visité, dans un presbytère, un digne curé qui m'a parfaitement accueilli et offert quelques gouttes d'un vin généreux, en buvant au succès de mon voyage. Au retour de cette promenade, j'ai salué les sites si bien décrits par Xavier de Maistre, la Tour du lépreux, celle de Bramafan, mêlant ainsi la poésie à l'histoire, dans mes pérégrinations de touriste. Un aimable jeune homme, employé à l'Intendance, me guide partout avec une bonté charmante, et je lui dois d'avoir beaucoup vu en peu de temps, et de n'avoir fait ni une course, ni une démarche inutile. Mes recherches me retiendront ici deux ou trois jours; je serai jeudi ou vendredi à Gênes. Ecris-moi pour la semaine suivante à Sienne. Je reprends, comme tu vois, mon ancien itinéraire, et je ne visiterai Naples qu'à la fin de mon voyage, lorsque l'hiver, sensible en Toscane et à Rome, me fera d'autant mieux apprécier l'éternel printemps :

> De la plage sonore, où la mer de Sorrente
> Déroule ses flots bleus, aux pieds de l'étranger.

J'espère que ta lettre contiendra de bonnes nouvelles de tous les tiens, surtout de ta mère chérie. Je voudrais, par anticipation, lui envoyer quelques beaux rayons de soleil italien, quoique je ne sois pas trop gâté, sous ce rapport, depuis que j'ai franchi les Alpes, un ciel voilé de brouillards étant à peu près l'unique décoration du paysage, du reste enchanteur, d'Aoste.

Fais part autour de toi de mes meilleures amitiés, en y comprenant Clémentine, Albane, Mimi, et reçois pour toi-même les plus tendres adieux.

LXXIII

Gênes, 4 octobre 1857.

J'ai trouvé ta lettre à Gênes, et j'en avais besoin. J'avais singulièrement goûté la mélancolie d'un voyage où l'on est constamment seul, vis-à-vis de soi-même, et où les sentiments et les pensées meurent sans écho ! Il faut une philosophie dont je ne suis guère capable pour s'habituer à ce genre de privations, et les préoccupations les plus élevées, les découvertes les plus intéressantes, ne valent pas pour moi un mot du cœur qui vient vous dire à point nommé que vous n'êtes pas seul au monde, et qu'il y a quelque part, ici-bas, des cœurs qui vous aiment.

Ainsi que tu l'as pu pressentir par ma dernière lettre, mon séjour à Aoste a été aussi agréable que fructueux. J'ai recueilli aux Archives de l'Intendance et dans celles de quelques familles particulières, des faits d'un haut intérêt sur le séjour de Calvin dans cette vallée et, en l'absence

de l'évêque, j'ai même osé me glisser à l'évêché
où sur ma bonne mine, sans doute, M. le chanoine faisant fonction de vicaire général, m'a
gracieusement accueilli, montré les portraits des
évêques et introduit dans le *sanctum sanctorum*,
le caveau des archives épiscopales où j'ai fait,
sans trop en avoir l'air, de précieuses trouvailles.
Le soir de ce même jour, mercredi, par une
admirable soirée, je quittais Aoste, pour me
rendre à Turin, et je suivais la belle vallée de la
Doire jusqu'à Yvrée.

Impossible d'imaginer une vallée plus poétique,
plus pittoresque, vue surtout aux rayons de la
lune qui transforme et glorifie tout, embellit
même encore les choses les plus belles. C'est un
voyage que je voudrais refaire avec toi, depuis
le Saint-Bernard, si ce mot de voyage ne devait
être rayé de notre vocabulaire, et si notre ambition ne devait se borner au pèlerinage annuel
d'Arlesheim ou de Clarens, en y joignant quelques visites à Nimes.

J'ai passé deux jours à Turin, occupé à compléter dans les Archives de l'Etat mes recherches
et découvertes d'Aoste, et malgré les séductions
du beau temps et les instances aimables de
M. Meille et de M. Malan, député des Vallées
Vaudoises, j'ai renoncé à visiter ces vallées, sur
les pas de Mlle Frédérika Bremer qui s'y oublie,

pour courir à Gênes où m'attendait ta lettre, avec quelques pages de mon père. Je les ai lues et relues, et le soir encore, sur les hauteurs qui dominent la ville et la mer, devant un de ces paysages imposants qui ravissent l'imagination, ces deux lettres étaient mon plus cher entretien et me faisaient revivre, par le cœur, en des lieux moins beaux, mais plus chers, où s'est écoulé le meilleur de ma vie.

Que te dirai-je de Gênes, de la route qui y conduit à travers le massif des Apennins, par une succession de sites magiques embellis, colorés du plus beau ciel du midi. C'est merveilleux. Gênes m'étonne par la magnificence de ses palais, la splendeur de ses environs, et me paraîtrait presque plus beau que Venise, malgré les féeries de Saint-Marc, si Venise n'était une révélation anticipée de l'Orient. Que de fois, dans la soirée d'hier, mes regards se sont posés sur une des charmantes villas qui couvrent les pentes des monts, exposées aux rayons du midi, aux tièdes brises de la mer, et j'ai pensé que ce ciel serait bien autrement hospitalier et caressant pour ta mère, que les horizons trop souvent noyés de vapeurs de la Saône et de la Loire. C'est avec bonheur aussi que j'ai retrouvé l'olivier et le grenadier, tous les arbres de mon pays natal. A mesure que j'avance, l'air devient plus chaud, le soleil plus brillant et l'été, à peine adouci **par** l'automne, semble détrôner l'hiver.

Je te griffonne ces mots, dès le matin, avant d'aller à la recherche de la chapelle italienne **ou** suisse. Je compte partir dans la journée, **par le** premier paquebot touchant à Livourne. Je serai demain ou après-demain à Sienne. Adresse-moi ta prochaine lettre à Rome, mon séjour en **Tos-**cane occupera une semaine au plus et j'espère avoir atteint du 12 au 14 octobre, au plus **tard, le** noble théâtre sur lequel doivent s'accomplir **mes** plus importantes recherches.

Adieu, j'espère que tu es remise de ton **indis-**position et que tu peux jouir de la beauté **de la** saison, de la tiédeur des derniers soleils, **sans** réserve.

Celui qui est bien à toi de tout son cœur.

LXXIV

Pise, 7 octobre 1857.

C'est sous le toit de l'excellent M. Ceramelli que je t'écris ces lignes, et son hospitalité m'a paru d'autant plus douce, après l'orageuse tra-versée qui m'a conduit dans la nuit, du cinq au six, à Livourne.

Pour la première fois de ma vie, j'ai éprouvé le mal de mer, et l'impossibilité de me tenir ailleurs que sur le pont pour respirer le grand air, malgré l'orage, m'a condamné à essuyer stoïquement la pluie et le vent, et les vagues franchissant le bord, avec accompagnement de tonnerres et d'éclairs, durant toute la nuit. Oh ! que cette nuit m'a paru longue, et qu'il est agréable de laisser après, reposer sa tête sur un moëlleux oreiller, sous le toit d'un ami !

Je comptais passer seulement quelques heures à Pise, le temps de saluer M. Ceramelli et de lui demander quelques mots d'introduction, à Sienne et à Colle, sa patrie; mais le moyen de résister à ses prières, à ses reproches tout aimables, et je me suis laissé retenir jusqu'au lendemain dans une cité que j'aime et que tu aimes, où je retrouve notre souvenir gravé dans le cœur d'un ami qui n'a rien oublié du passé. M. Ceramelli est toujours le même, et son cœur n'a pas vieilli d'un jour, quoique « cette neige du temps qui blanchit notre tête » dise assez, sur la sienne, les années révolues depuis notre séjour à Pise; quatorze ans ! Que d'événements écoulés dans cet intervalle, et sans parler de ceux qui s'accomplissent sur l'arène bruyante du monde, que d'autres intimes et ignorés dont se compose la vie morale !

Revoir un ami après un tel laps de temps n'est pas sans mélancolie, car on ne revoit pas deux fois le même homme qu'on a vu; le retrouver sympathique et sensible aux choses d'autrefois, c'est un privilège dont on jouit doublement quand on sait en jouir.

Je viens de passer une délicieuse nuit de repos sous le toit hospitalier de notre ami ; j'irai ce matin à la Bibliothèque, je reverrai le Campo Santo, et après dîner je prendrai la route de Sienne, où m'attend une lettre de toi, avec d'excellentes recommandations de M. Ceramelli.

Sienne, 9 octobre.

J'achève à Sienne la lettre commencée à Pise, et malgré quelques contrariétés, — l'absence d'un bibliothécaire, — j'ai déjà trouvé ici d'assez précieux documents pour reconnaître que c'était une des haltes les plus importantes, les plus nécessaires de mon voyage. Comment avais-je pu négliger Sienne, il y a quelques années ? C'est sans contredit la ville la plus originale, la plus véritablement italienne que j'aie encore vue, et en se promenant autour de son vieux palais, que domine une tour aérienne, aux formes les plus élégantes, en parcourant cette place du Campo, théâtre des fêtes de la République et si bien décrite par Dante, on croit errer dans une cité du moyen âge et rencontrer partout le fantôme du poète dont un mot, un vers suffit pour consacrer à jamais, un lieu dans la mémoire des hommes.

Je ne regrette qu'une chose ici, c'est l'absence du costume national qui sied si bien aux femmes surtout, et le voile blanc qui est encore, à Gênes, leur unique parure, manque trop ici. L'uniforme empreinte de la mode si monotone, malgré ses caprices, se retrouve partout, et au lieu de ces poétiques apparitions qu'on rêve sur les places, au coin des rues, ce ne sont que prosaïques passants, étrangers pour ainsi dire, eux-mêmes, dans leur noble patrie, ou mendiants qui la déshonorent aux yeux de l'étranger réduit à s'enfuir, quand il ne voudrait qu'admirer et rêver. En dépit de cette impression qui se renouvellera plus tristement, sans doute, à Rome et à Naples, Sienne me plaît singulièrement, et sa cathédrale de marbre, plus belle encore que celle de Pise, avec ses mystérieuses sybilles en mosaïque, ses palais d'une architecture imposante, sa riante promenade de la Lizza, d'où le regard se perd sur les lointains horizons de l'Apennin, tout enfin est empreint d'un charme sérieux et profond, qui me fait comprendre, aimer bien des lettres de Paleario. Je ne l'oublie pas ici, comme tu peux le penser, et je fais demain un pèlerinage à Colle, en son honneur. Je n'oublie pas non plus Ochino, dont j'ai retrouvé des lettres fort intéressantes aux Archives, en attendant celles qui me sont encore réservées à la Bibliothèque.

Ce sera seulement au commencement de la semaine prochaine, lundi ou mardi, que je partirai pour Rome, en suivant la route d'Orvieto et de Viterbe. J'éviterai ainsi la voie de mer qui a ses inconvénients dans cette saison, et surtout cette hideuse nuée de mendiants, en guenilles, qui fond impitoyablement sur les étrangers, au débarquement de Civita-Vecchia. C'est bien assez des ennuis de Livourne !

L'archiviste de Sienne, M. Belti, m'a fort gracieusement reçu et nous avons passé ensemble la soirée d'hier chez un grand seigneur français, le comte d'Astié, depuis longtemps fixé à Sienne, et dont la nièce, charmante personne, nous a offert une collation de raisins et de fruits confits. Tu vois que je me laisse parfois gâter chemin faisant ! Il faut bien se distraire un peu des mélancolies inséparables de tout voyage. Un neveu de M. Ceramelli m'a été aussi fort utile, et m'accompagnera dans ma promenade à Colle. Le temps est malheureusement assez incertain, mais, malgré mes mésaventures *maritimes* et mes légers écarts de régime, ma santé ne cesse pas d'être excellente.

J'allais oublier de te dire que j'ai trouvé, à Turin, un exemplaire d'une traduction italienne d'Olympia Morata, faite à Milan, et qui en est à sa seconde édition. En tête, figure un superbe portrait, sans doute de fantaisie, quoiqu'on ait inscrit au bas : « peint d'après une fresque antique ». La chose est à vérifier ; mais je me défie fort des éditeurs italiens.

Sois auprès des membres de la famille, l'interprète de mes sentiments les plus affectueux, en en gardant pour toi la meilleure part.

LXXV

Citta-di-Pieve, dimanche 11 octobre 1857.

Tu cherches un nom illustre en tête de ces pages, et c'est d'un bourg ignoré, sur les confins de la Toscane et des Etats Romains où je suis retenu, par un de ces accidents si communs en voyage, que je t'écris.

L'absence prolongée du bibliothécaire de Sienne, dont je ne pouvais attendre le retour, et le mauvais temps qui m'interdisait toute promenade à pied, dans les régions montagneuses de Colle, m'ont décidé à partir de Sienne plus tôt que je ne pensais, quitte à y repasser plus tard pour des recherches indispensables à la Bibliothèque, dont un admirable catalogue imprimé me révèle les richesses. Me voilà donc, sur la route de Rome, dans un pays accidenté, pittoresque, où l'on fait à peine douze à quinze lieues par jour, avec la diligence, et où l'on s'arrête chaque soir,

en attendant de recommencer la même existence,
un peu monotone, le lendemain. L'intérêt qui
naît de l'antiquité des souvenirs et de la variété
des aspects, en l'absence de tout événement,
soutient seul le voyageur dans cette lente odyssée, dont les étapes diverses: Chiusi — l'antique
Clusium — Orvieto, Viterbe, ne lui laissent apercevoir Rome qu'au troisième ou quatrième jour
de voyage; cinquante lieues franchies en quatre
ou cinq jours ! Voilà la vitesse des Etats Romains, éminemment propre à nous faire expier
la trop grande célérité des chemins de fer. Je me
résigne de mon mieux à ces retards, et la diligence d'Orvieto ne partant pas le dimanche, je
me console de ce repos forcé, en t'écrivant ces
lignes, en guise de journal, sur une table d'auberge, retentissante du cri des enfants.

Je viens de faire une promenade en compagnie
d'un voyageur, retenu comme moi, et soupirant
après Rome, et de nos tristesses mises en commun est résultée une résignation mélancolique et
douce, qui n'est pas sans charme dans une promenade.

Le paysage a déjà quelque chose de la splendeur des horizons romains; des ravins déchirés,
des montagnes ardues, semées, sur les pentes,
de magnifiques villas ou couvents ombragés de
cyprès ou de chênes, qui se détachent sur le ciel

orageux, avec tant de poésie! Un rayon de soleil perçant les nuages, a éclairé pour nous d'une magique lumière le lac de Trasimène, et les superbes montagnes de Pérouse qui ferment l'horizon. Rentrés dans la vieille cité qui nous sert de prison, nous cherchons dans les églises quelque toile de Pérugin, en attendant le dîner annoncé pour trois heures. Ainsi s'écoulera, un peu tristement, ce jour de dimanche, consacré ailleurs aux réunions et aux joies de la famille. Ah ! quand me sera-t-il donné de les retrouver et d'en jouir avec une reconnaissante émotion ?

LXXVI

Viterbe, 13 octobre 1857.

Nous avons quitté hier matin Citta-di-Pieve pour nous rendre à Orvieto, par une succession de paysages de la plus grande beauté, que l'aspect magnifique d'Orvieto, assis sur un immense rocher, comme sur une forteresse naturelle, et se détachant sur un vaste horizon de montagnes et de forêts, devait encore effacer. Après la cathédrale de Sienne, je pensais n'avoir plus rien à voir, à admirer en ce genre, mais celle d'Orvieto s'élevant avec son élégant portique, ses tourelles légères, ses ravissantes mosaïques sur un parvis désert, où retentit à peine, de loin en loin, le pas d'un voyageur, a dépassé mon attente et ravi mon imagination, jusqu'à ces types de l'idéale beauté que la Grèce seule semble avoir eu le privilège d'atteindre, avant l'époque de la Renaissance.

A l'intérieur de cette admirable basilique, on contemple un Jugement dernier de Lucas Signorelli, peint à fresque sur les murs d'une chapelle, à la fin du XVe siècle, et que Michel-Ange n'a pas dédaigné d'imiter. Le modèle me parait même au-dessus de l'imitation, par la beauté toute spirituelle et chrétienne des figures que l'on regrette de ne pas trouver dans l'œuvre de Michel-Ange, toute païenne d'inspiration.

Mon compagnon de voyage, irlandais d'origine, élevé à Paris, fixé à Rome depuis vingt ans, dans les intervalles de ses voyages en Grèce et à Constantinople, et tout nourri de souvenirs classiques, s'associe à toutes mes impressions, et j'apprécie vivement l'agrément de sa société, une de ces fortunes inespérées qu'une divinité amie laisse tomber sur la route des voyageurs, pour les consoler de quelques mécomptes. Nous continuerons ensemble notre voyage jusqu'à Rome, où il me sera très agréable de le retrouver, et de profiter de ses directions et de ses conseils qui me sont déjà infiniment utiles.

Malgré la poésie d'Orvieto, nous étions pressés

d'en partir pour arriver avant la nuit à Viterbe,
dont les environs sont la patrie classique des
brigands, et ce n'est pas sans une vive satisfaction que j'ai vu, aux premières ténèbres, un
gendarme romain, armé d'un bon fusil, s'installer
sur le siège de la voiture, à côté de notre conduc-
teur.

Arrivés à Viterbe, à huit heures du soir, nous
avons dû nous résigner à de nouveaux retards,
la voiture pour Rome ne partant que le mercredi
et ce sera le 14, à cinq heures du soir, que je
ferai mon entrée dans la ville éternelle. Le temps
est redevenu magnifique, la ville est agréable,
intéressante, sans offrir, toutefois, de remarquables curiosités aux étrangers et je la parcours
dans tous les sens, en me rappelant que quelques-unes des plus belles lettres de mes héros
italiens du XVIe siècle, sont datées de cette ville
et d'un beau couvent de Dominicains situé à
quelques milles dans la campagne. Je ne man-
querai pas de visiter les Archives; mais sans
espoir d'y rien rencontrer d'utile à recueillir
pour le sujet qui m'occupe. L'aspect des lieux, la
beauté du ciel, les impressions vivantes que l'on
recueille à chaque pas, sur les hommes et sur les
choses, sont là aussi de précieux documents pour
écrire, peut-être les meilleurs de tous, et à mesure que j'avance, j'aspire, presque à mon insu,

toute une poésie italienne, qui se retrouvera, je l'espère, dans mes récits et ce sera là, sans parler des documents précieux conservés à Rome et à Naples, le plus beau fruit de mon voyage.

J'avais compté, d'abord, achever cette lettre à Rome, mais je ne puis me décider à te donner sous forme de postscriptum mes impressions d'arrivée dans cette illustre cité. Je réserve donc à ma prochaine lettre, tout ce qui se rapporte à ce sujet, et c'est à Viterbe que je vais déposer, aujourd'hui même, ce quatrième message.

C'est en compagnie d'un *Frate dominicano* et de sa nièce que nous avons franchi la distance d'Orvieto à Viterbe. Le Frate n'avait rien de l'austérité de son ordre, et ne cachait pas son enthousiasme pour le bon vin blanc d'Orvieto, en s'abreuvant, le long du chemin, à une large bouteille. Ombre de Saint-Dominique, qu'aurais-tu dit?...

J'ai entrevu, salué sur la route, le beau lac de Bolsena, encadré dans ses forêts de chênes, avec tous les mystères de la civilisation étrusque dont la science n'a pas encore soulevé les voiles. J'aime les lacs; ceux d'Italie ont de si lointains souvenirs!

A quelques pas de la ville, j'ai visité une villa délaissée, avec de poétiques allées de chênes, de pins et de cyprès. Oh! que tu aimerais cela, et

comme je pensais à toi, en suivant solitairement
ces longues allées où le bruit du vent répondait
seul à celui de mes pas.

LXXVII

Rome, 17 octobre 1857.

Trois jours se sont déjà écoulés, depuis que je
suis arrivé à Rome, et aucune lettre amie n'est
encore venue réjouir ma solitude et me souhaiter
la bienvenue dans cette grande cité, dont les
splendeurs antiques ou modernes occupent l'imagination, sans distraire le cœur de ses tristes
pensées. Quelle est l'explication de ce silence ?
Dois-je supposer une, ou peut-être plusieurs
lettres perdues ? Ou les tempêtes qui ont régné,
dans la Méditerranée, ont-elles retardé les cour
riers ? Je ne sais, mais je ne puis me présenter à
la poste, sans essuyer l'inexorable *non* des employés, et sans faire parcourir bien vainement,
sous mes yeux, les lettres qui commencent par
la première syllabe de mon nom. Combien cela
durera-t-il ? Je n'ose y penser !

Ce n'est, du reste, pas sans peine que je suis
arrivé ici de Viterbe, où je déposai, pour toi, à
la poste, la quatrième lettre de ma correspondance italienne, dont Aoste, Gênes, Sienne mar-
quent les premiers chaînons. La veille de mon
départ, une indisposition soudaine, fruit du ré-

gime très irrégulier et inévitable des jours précédents, me saisit et me retint la soirée, presque toute la nuit, debout ou couché, avec d'atroces douleurs d'entrailles que je n'avais pas connues depuis bien des années ; ce fut une véritable cholérine qui me laissa dans un tel état d'épuisement que j'eus à peine, au matin, la force de monter en voiture, afin de ne pas rester quarante-huit heures de plus à Viterbe, seul, dans un sombre et triste hôtel qui ajoutait encore à mes maux par les privations sans nom auxquelles j'étais exposé. Mon compagnon de voyage, M. Jackson, fut excellent pour moi, me servit de garde-malade toute la soirée, et ne contribua pas peu le matin, malgré les douleurs que je ressentais encore, et mon extrême abattement, à me décider au départ, me montrant en perspective les confortables hôtels qui m'attendaient à Rome, et où tous les soins, tout le repos nécessaire me seraient accordés. Mais que le trajet me parut long, et avec quel bonheur je saluai, aux derniers rayons d'un soleil à demi noyé dans les flots de pluie, les montagnes du Latium, Saint-Pierre et son dôme doré, Rome enfin qui m'apparaissait, non plus tant comme le terme de mes pèlerinages scientifiques et littéraires, que comme la fin de tous mes maux.

Installé bientôt après à l'hôtel de la Minerva,

dans une délicieuse chambre avec un bon tapis, je pus savourer lentement une tasse de thé, prélude du repos de la nuit, repos de quelques heures du moins qui, succédant à de cruelles souffrances ou à de longues insomnies, me procurèrent un peu de soulagement. Le calme, une diète mitigée, un régime homéopatique ont fait le reste, et je ne me ressens plus de la crise que j'ai traversée, mais dont le souvenir doit me suivre comme un avertissement et une leçon.

Dimanche, 18 octobre.

Quelques mots encore sur l'hôtel où je suis établi et la vie que je mène à Rome. Ma chambre a vue sur la place de Minerva, est située au troisième étage, et le dîner de l'hôtel, élégamment servi à cinq heures et demie, dans une vaste galerie qui réunit de nombreux étrangers, revient à deux francs cinquante. Je dîne en ville, au premier restaurant venu, quand cela m'est plus commode, et je déjeune dans un café.

Lundi, je commencerai mes travaux à la Vaticane, dont je n'ai pas encore franchi le seuil, mes premiers jours ayant été consacrés à une inspection générale de Rome, dont la connaissance très complète est aussi un des buts de mon voyage. Le feuillet, ci-joint, t'apportera mes premières impressions.

J'ai retrouvé à Rome notre amie Mme King, établie pour l'hiver, en famille, et je suis heureux d'avoir un salon où je puis passer quelques soirées d'agréable intimité. Mon ami, M. Jackson, m'est aussi très précieux, en attendant les relations nouvelles que je ne puis manquer de former ici, et sans lesquelles la vie, même très occupée, serait mélancolique. Mme King me charge de te dire qu'elle regrette fort que tu ne m'aies pas accompagné à Rome, et je le regretterais aussi, maintenant que je suis un peu établi, si de pieux devoirs ne te retenaient ailleurs.

Dimanche soir, 9 heures.

Un officier du génie, ancien élève de l'Ecole polytechnique, et qui a compté plusieurs de mes amis au nombre de ses condisciples, m'a introduit ce soir au *Cercle* français, où l'on reçoit la *Revue des deux Mondes* et tous nos journaux. Voilà un agréable emploi de mes soirées. Il faut être loin de la France, et à Rome, pour comprendre avec quel bonheur j'ai retrouvé la *Revue*, l'*Illustration*, le *Journal des Débats*, le *Siècle !* L'officier, M. V., qui a été pour moi un si gracieux introducteur au Cercle français, est chargé de travaux importants au fort Saint-Ange, vieille résidence pontificale dont il me fera aussi les honneurs, autre bonne fortune ! Il faut bien tout

cela pour réconcilier avec les voyages. Mais il est
bien convenu que celui-ci sera le dernier!

Que ma lettre soit du moins, pour toi, un bouquet de roses sans épines. Je ne pourrais en dire
autant pour celui qui l'écrit. Adieu, aime-moi
comme je t'aime....

Ce n'est pas sans émotion que je suis entré à
Rome, quoique souffrant, et mes yeux l'ont bien
longtemps cherchée à l'horizon, avant de l'apercevoir pour la première fois, comme dans une
éclatante vision. Rien ne saurait exprimer la tristesse des contrées que l'on traverse, durant près
de vingt milles, avant d'atteindre la vallée du
Tibre; des plaines désertes, à peine ondulées,
d'une indicible monotonie; des paysages nus et
tristes, comme si la nature elle-même voulait se
taire et ne laisser parler que la majesté des souvenirs. Au loin seulement, quelques pins aux
cimes arrondies, précurseurs des admirables
villas qui couronnent la ville éternelle. Enfin,
au détour de la route, sur une hauteur à quelques milles de distance, dans une plaine que ferment les montagnes bleues du Latium et de la
Sabine, où le Tibre serpente comme un faible ruisseau ou comme un torrent gonflé par
les pluies, Rome apparaît, tout à coup, avec
ses tours, ses innombrables clochers et sur-

tout le magnifique dôme de Saint-Pierre, **qui**
semble résumer toutes les splendeurs passées
dans le superbe symbole de l'unité catholique.
La vive impression qu'on éprouve grandit d'instants en instants, et malgré les mille détails ma-
tériels, vulgaires, inséparables de toute arrivée
dans une ville étrangère, on ne franchit pas la Porte du peuple, sans se sentir comme honoré de fouler
un sol illustré, consacré par tant de souvenirs.

Ma première promenade a été au Forum, **car**
la Rome antique est pour moi bien **au-dessus de**
la Rome pontificale moderne, même illustrée **par**
les chefs-d'œuvre d'un Michel-Ange, d'un Raphaël,
et j'étais impatient de saluer ces restes **sacrés**
qui rappellent encore le *Peuple Roi*. Quand, arrivé au sommet du Capitole, qui n'est plus, hélas! qu'un palais moderne, j'aperçus à mes **pieds**,
dans une plaine étroite, entre d'humbles collines
qui s'appellent encore le Palatin, le Celius, les
admirables débris épars sur le Forum, quelques
frontons de temple, quelques colonnes encore
debout, l'ancien pavé de la voie sacrée, et au
fond du tableau, par de là les Arcs de Titus et de
Constantin, le Colysée, non, je ne saurais dire ce
que j'éprouvai à cette vue; que de souvenirs, que
d'impressions de mes études passées remontèrent
à ma mémoire, et poétisèrent pour moi cette
scène.

J'ai vu, depuis, la basilique de Saint-Pierre, et malgré le prestige de son immensité, de ses splendides décorations, je suis demeuré froid, tandis que je ne puis reprendre le chemin du Forum sans émotion, et errer sur le Palatin ou autour du Colysée, sans me sentir transporté parmi les plus grands souvenirs de la Rome antique ou chrétienne. Ah! ces magnificences de l'art prodiguées à l'excès ne peuvent ravir une âme dans les régions de l'infini, et une figure à demi mutilée, mais belle encore, sous l'injure du temps, un fragment de colonne, suffisent à l'imagination pour recomposer les scènes accomplies dans un des lieux les plus illustres de l'univers. Le Forum, l'Acropole d'Athènes, Jérusalem, ces trois noms résument ce qu'il y a de grandeur ou de sainteté dans le passé! Mais ici l'homme s'efface pour laisser toute la place à Dieu lui-même.

Lundi, 19 octobre.

J'ai vu le père Theiner qui m'a gracieusement reçu; mais la Bibliothèque du Vatican est fermée jusqu'aux premiers jours de novembre. Il faut donc attendre et utiliser, jusque-là, son temps le mieux possible.

LXXVIII

Rome, 24 octobre 1857.

Bien que je t'aie écrit, il y a peu de jours, je
reprends la plume aujourd'hui pour profiter du
départ des paquebots français qui touchent tous
les samedis à Civita-Vecchia, et correspondent
directement avec Marseille.

A mesure que les jours s'écoulent, je deviens
plus familier avec Rome, et je cesse de m'y
sentir étranger. J'ai eu d'abord la bonne fortune
d'y rencontrer des amis, d'anciens condisciples
de l'Ecole Normale, professeurs d'histoire ou de
littérature en vacances. occupés comme moi, de
recherches scientifiques, ou attirés tout simple-
ment par les curiosités sans nombre de l'Italie.
L'autre jour, dans les galeries du Vatican, je me
trouvai, tout à coup, en face d'une physionomie
bien connue, celle d'un ancien ami, M. Geffroi,
professeur à la Faculté des lettres de Bordeaux et
l'un des rédacteurs de la *Revue des Deux-
Mondes*. Dès le lendemain, il venait me prier
d'aller passer la soirée chez lui, avec deux autres
de nos condisciples, élèves de l'Ecole d'Athènes,
et professeur, l'un à Nancy, l'autre à Lyon,
soirée charmante qui s'écoula bien vite, dans la
familiarité des entretiens et des souvenirs d'au-

trefois. Il était piquant de se retrouver ainsi à Rome, et d'évoquer tous les souvenirs de l'Ecole Normale sur la Piazza della Trinita di Monte, à deux pas du Monte-Pincio et de la Villa Medicis. C'est là une des plus charmantes promenades de Rome, une de celles qui m'attirent le plus, parce qu'avec une vue générale de la ville et des collines qui l'entourent, on y trouve cette poésie particulière des promenades du Midi, ces délicieuses allées de chênes et de pins qui reportent sous d'autres cieux.

Dimanche dernier, à l'heure où le culte vous réunissait, sans doute, dans la chapelle de Courbevoie, j'étais allé m'y asseoir sur un banc solitaire, également favorable à la prière ou à la rêverie, et j'écrivais ces mots sur mon portefeuille : « Douce matinée d'automne, Rome à mes pieds. En face, de riantes collines, dominées par d'élégantes villas ; à ma droite, le château Saint-Ange et la masse imposante du Vatican. Le Dôme de Saint-Pierre voilé à demi, par une brume, puis éclairé d'un rayon de soleil. Voix des cloches qui s'entre-répondent du Capitole au Monte-Mario. Silence entrecoupé de lointaines harmonies. »

Ma rencontre avec quelques amis de l'Ecole Normale m'a valu le privilège de visiter, avec eux, les catacombes, sous la direction d'un guide aussi savant que pieux, M. De Rossi, secrétaire de l'Académie pontificale, et l'un des archéologues les plus distingués de l'Italie. C'est à M. De Rossi que je devais être recommandé dans une des lettres promises, mais non écrites par M. R., et, grâce à d'heureuses circonstances, j'ai pu me passer, fort bien, de cette recommandation.

Un jour était depuis longtemps fixé pour la visite des catacombes de Sainte-Calixte, les plus curieuses de Rome, visite à laquelle devaient prendre part un cardinal, plusieurs évêques et nombre d'ecclésiastiques guidés officiellement par M. De Rossi.

Nous avons pu nous joindre à ce cortège, divisés en deux bandes, l'une germanique et l'autre française, qui recevaient les explications en français, en latin ou en italien. M. De Rossi parle également bien ces trois langues. Le cardinal — archevêque de Munich — s'était chargé de la partie tudesque à laquelle il traduisait, en allemand, les explications qui nous étaient directement adressées. Les heures passées dans les catacombes, seront parmi les plus intéressants souvenirs de mon voyage en Italie, et rien ne peut exprimer le sentiment de respect et de religieuse terreur que l'on éprouve à errer dans ces corridors sombres, percés de tombeaux qui s'entre-croisent dans tous les sens, et qu'éclaire seulement la pâle lueur des bougies dont on a soin de se munir avant d'y entrer. Les grandes salles historiques, faiblement éclairées par les soupiraux, qui laissent tomber quelques rayons, à une profondeur de quarante ou cinquante pieds sous terre, et couvertes d'inscriptions gravées par la main de pèlerins des premiers siècles, offrent le plus vif intérêt.

Une inscription du IVe siècle, reproduite par la main du même pèlerin, en plusieurs endroits des catacombes et adressée à une mystérieuse amie, une sœur ou une femme, est ainsi conçue : *Sophronia dulcis, vivas in Deo!* et se retrouve dans un dernier corridor, avec cette variante : *Sophronia, vives in Deo.* C'est tout un poétique et pur roman qui se poursuit ainsi, dans l'ombre des catacombes. D'antiques peintures, à demi effacées par le temps, y retracent les principaux faits de l'histoire évangélique, en traits plus conformes au pur christianisme qu'à la tradition catholique. Deux seuls sacrements, le baptême et la Cène y sont figurés, le baptême avec le symbole de l'eau lustrale, et la Cène, sous la forme du divin banquet de Christ avec ses disciples. Il y a loin de là aux interprétations romaines, et le témoignage des catacombes, c'est-à-dire la voix des premiers siècles, s'élève moins en faveur de l'Eglise qui se prétend seule dépositaire de la vérité, que de celles qui l'ont retrouvée, dans un retour, pur et simple, aux institutions apostoliques.

Entrés dans ces cryptes funèbres à trois heures, sous la clarté d'un brillant soleil qui colorait admirablement les montagnes voisines de Rome, nous en sortions à la clarté des étoiles, et nous reprenions le chemin de la ville, après avoir vivement remercié notre guide, dont la candeur égale la science, et qui, durant plusieurs heures, avait constamment captivé notre attention par les récits les plus intéressants des premiers siècles de l'Eglise. Je retrouverai bientôt M. De Rossi au Vatican dont il est un des bibliothécaires, et son obligeant appui m'est d'avance assuré.

Je t'ai déjà dit que la Bibliothèque vaticane est fermée jusqu'aux premiers jours de novembre; il en est malheureusement ainsi des bibliothèques particulières. Je me console de mon mieux en visitant les galeries, les musées, en recherchant partout les traces de la Rome antique que j'étudie le soir dans les belles études de M. Ampère, « l'Histoire Romaine à Rome ». Hier, j'ai fait les honneurs du Forum à Mme King et à sa famille, après avoir visité avec elle, la belle galerie du palais Doria, et nous nous sommes longtemps assis sur un des gradins du Colysée, absorbés et comme perdus dans les tragiques souvenirs que ces lieux rappellent. L'édifice n'est à l'intérieur qu'une immense ruine, dont les pierres, ravies par des mains profanes, ont servi à bâtir les magnifiques palais Farnèse et Barberini.

L'extérieur, bien conservé d'un côté, est d'une majesté, d'une magnificence sans égale, et quoique préparé d'avance par les souvenirs de nos arènes de Nimes, à la vue du Colysée, je ressens à chaque fois, une impression plus vive et plus solennelle, en approchant de ces lieux où les pierres elles-mêmes ont une voix.

M. Jackson est toujours plein de bonté pour moi. Je vais quelquefois le matin lui demander une tasse de thé ; je lui emprunte des livres, et nous avons formé le projet d'aller passer un jour à Frascati, célèbre par le séjour de Cicéron.

Je ne finirai pas ma lettre sans te dire combien la lecture de ton avant-dernière lettre, pleine des souffrances de ta mère, m'a serré le cœur. Moi aussi, j'ai vu souffrir la mienne, et sans pouvoir soulager ses souffrances ! Qu'il nous soit donné de voir se fortifier, se rétablir de jour en jour, celle dont l'affection nous est si précieuse, la santé si chère, et puissent tes prochaines lettres, confirmant la dernière, m'apporter de meilleures nouvelles à cet égard.

LXXIX

Rome, 30 octobre 1857.

Ce vendredi, jour de pluie, est naturellement celui de ma correspondance, et c'est avec bonheur que je reprends l'entretien interrompu, de samedi dernier. Quoique la semaine se soit écoulée sans voir s'ouvrir encore la porte des Bibliothèques, je puis dire qu'elle a été bien remplie, car j'ai fait une visite importante qui me permet d'augurer les meilleurs résultats de mes recherches, quand il me sera donné de les accomplir.

Tu devines, à ces mots, que j'ai vu le cardinal Antonelli, ministre tout puissant et véritable roi de Rome, sous le nom de Pie IX. Ce n'est pas sans émotion que j'ai gravi le superbe escalier de marbre qui conduit à l'appartement du cardinal, situé dans le palais du Vatican, au-dessus de celui du pape, et que je me suis annoncé par une carte jointe à la lettre d'introduction de M. de la Rive. Cette lettre m'a valu le plus charmant accueil de son Eminence, qui m'a fait asseoir près d'*elle* sur un canapé, et me prenant amicalement la main, m'a demandé l'objet de mes recherches à Rome. Je l'ai exposé en peu de mots, en rattachant à l'histoire de la maison d'Este, durant sa plus grande splendeur, les études dont je suis occupé, et le cardinal, après m'avoir écouté avec le plus bienveillant intérêt, m'a demandé une note sur ce sujet, note qui sera transmise par lui-même au préfet de la Vaticane, afin que les documents que je désire consulter soient d'avance recherchés, réunis pour moi, à l'ouverture de la Bibliothèque. On me demande seulement un peu de patience -- et il en faut à Rome — pour attendre le résultat de ces premières recherches, et je suis bien résolu, quoiqu'il m'en coûte de rester oisif, à ne pas compromettre, par une précipitation déplacée, les succès que je puis obtenir dans un voyage qui est, et sera jusqu'au bout, un sacrifice fait à la science.

Le cardinal Antonelli, si redouté à Rome et si impopulaire, est un prélat jeune encore, d'une physionomie tout italienne et singulièrement expressive, et je ne puis me persuader que la bonté avec laquelle il m'a reçu, encouragé, ne porte quelques fruits, dont la meilleure part reviendra en tout cas, à l'excellente recommandation de M. de la Rive.

J'ai revu aussi le R. P. R. du Collège de Jésus, qui m'a accueilli, cette fois, avec une nuance de plus de faveur et d'aménité et donné l'assurance que ma note, fidèlement transmise à l'archiviste, était en ce moment l'objet de recherches qui amèneraient, peut-être, la découverte des documents signalés à son attention.

Je retournerai dans quelques jours. Tu vois qu'il faut savoir attendre ici; c'est une vertu que j'apprends tous les jours et si j'atteins heureusement le but que je me propose, je ne regretterai pas les délais et les détours sans nombre, auxquels il faut se résigner, comme à la chose la plus naturelle en Italie.

Ces jours derniers, inutilement écoulés pour des travaux positifs, ont été remplis par des excursions du plus haut intérêt. J'ai visité, sous la conduite du capitaine Villers, le château Saint-Ange, antique mausolée de l'empereur Adrien, transformé au moyen âge en une forteresse pontificale qui communique, de nos jours encore, avec le palais du Vatican, et dont la tour portant un archange de bronze gigantesque, une épée à la main, semble une menace éternelle pour la cité qu'elle domine de toute part.

La vue dont on y jouit sur la campagne de Rome, du Monte Mario à la mer, est admirable et les peintures à fresque de Jules Romain, qui ornent l'appartement d'Alexandre VI, comme les effroyables cachots placés au-dessous, font du château Saint-Ange, un des objets les plus remarquables de la Rome moderne. A l'autre extrémité de la ville, j'ai visité déjà plusieurs fois, sur l'antique Palatin, les ruines du palais des Césars, et les monuments de tous les temps, confondus dans une ruine commune, parlent à l'âme avec une éloquence que les plus magiques descriptions ne sauraient égaler. Mais de toutes les promenades qui ont marqué pour moi cette semaine, la plus intéressante est celle de Frascati.

On s'y rend en chemin de fer, à travers cette campagne romaine, belle de la poésie du désert et des ruines, où l'œil rencontre à chaque instant des monuments, des tombeaux écroulés, de superbes aqueducs qui, selon l'expression de Chateaubriand, portaient sur des arcs de triomphe, le tribut de leurs eaux au peuple roi. Frascati est situé sur les arêtes des anciennes montagnes de la Sabine, dans une position ravissante qui domine à la fois la plaine de Rome et la mer; et le chemin qui conduit à Tusculum n'est qu'une allée de châtaigniers et de lauriers, à travers les plus poétiques villas.

C'était par une brillante matinée d'été, dans l'automne, que je visitais pour la première fois ces lieux en compagnie de M. Jackson, interrogeant de l'œil les ruines éparses sur le chemin, redemandant pour ainsi dire, à chacun de ces marbres brisés que foulaient nos pas, l'histoire du passé. Au sommet de la montagne, sur un plateau légèrement ondulé, et tout émaillé de fleurs, apparaît un théâtre dont les gradins sont encore parfaitement conservés, et à quelques pas, des ruines incertaines, peut-être la maison de Cicéron? Il est vrai qu'on y chercherait en vain les ombrages de l'Académie, poétique berceau des *Tusculanes*, mais en revanche quel horizon ! Le même dont jouissait Cicéron et bien digne, par ses splendeurs, du génie de l'éloquence et de la poésie.

Au retour, nous avons visité les villas Aldobrandini et Monti, justement célèbres par la richesse de leurs eaux tombant en charmantes cascatelles, et la beauté de leurs ombrages, et nous rentrions le soir à Rome, charmés d'une promenade délicieusement accomplie à deux, à travers les doubles merveilles de la nature et de l'antiquité. Une de nos prochaines excursions sera consacrée à Tivoli et à l'ancienne villa des ducs d'Este.

M. Jackson est un très bon ami pour moi; il m'a invité hier à dîner, à sa vigne, près de la villa Borghèse. La table était mise sous une allée de lauriers et on a bu à ta santé. C'est, je te l'ai dit, un Irlandais devenu Romain, un homme aussi excellent que distingué.

Tu as maintenant un assez fidèle compte rendu de ma semaine, à laquelle rien n'a manqué, puisqu'elle m'a apporté une lettre de toi et de meilleures nouvelles de ta mère, à laquelle j'envoie, comme à toi, comme à tous, mes plus affectueux souvenirs.

LXXX

Rome, 5 novembre 1857.

Aujourd'hui, commencent enfin mes travaux à la bibliothèque de la Minerve, la plus importante de Rome pour les ouvrages imprimés, et au palais Barberini dont la collection manuscrite jouit d'une célébrité européenne. Ce n'est pas sans peine que j'en ai obtenu l'accès, car ces grandes familles romaines, pour la plupart très ignorantes, veillent avec une défiance jalouse sur les dépôts que le temps leur a légués, et qui deviennent tout à fait inutiles entre leurs mains. Quelques-unes même, n'ont pas honte de vendre, à l'encan, ces trésors, triste symptôme de la décadence des goûts littéraires, dans le pays dont les lettres ont été le principal honneur.

La Bibliothèque Vaticane, dont l'ouverture avait été annoncée pour le 5 novembre, ne sera ouverte que le 13, et c'est depuis le mois de juin qu'elle est fermée. Tu vois que nous sommes ici, loin, bien loin des usages de Paris, et que le cardinal Antonelli avait raison de me recommander la patience, comme une vertu nécessaire à Rome. Plusieurs de mes condisciples de l'Ecole Normale qui avaient espéré pouvoir travailler au moins quelques jours au Vatican, devront partir avant d'en avoir vu ouvrir les portes, pour aller recommencer leurs cours respectifs à Lyon, à Nancy ou à Bordeaux.

Plus heureux, je puis attendre, mais non indéfiniment, et j'espère que ma patience sera récompensée. J'ai remis ma note développée au cardinal Antonelli, et quoiqu'ici plus qu'ailleurs l'eau bénite de cour soit en grand usage, les personnes bien au fait, m'assurent que je dois tout attendre de son Eminence, après une aussi gracieuse réception. Tu ne saurais croire, d'ailleurs, quelle diplomatie il faut déployer pour arriver aux résultats les plus simples ; ce que l'on obtient d'un mot ailleurs, coûte ici une infinité de démarches, d'intrigues, de négociations qui n'aboutissent pas toujours au but. Telle est un peu, par exemple, l'histoire de mes allées et venues au collège de Jésus. Le R. P. est venu m'annoncer lui-même que les recherches faites, avec le plus grand soin, dans les archives de son ordre, avaient été vaines, et que les documents désignés par moi ; « les petites feuilles volantes », comme il les appelle, étaient sans doute perdues.

Je ne puis, en vérité, suspecter sa sincérité, son langage, son air me paraissaient empreints de franchise et de regret ; mais voilà une de mes espérances qui échoue tristement au port, et il faut se résigner à ne pouvoir jamais citer *in extenso* des lettres qui seraient une révélation dans l'histoire de la duchesse de Ferrare.

La présence de notre amie, Mme King, à Rome, n'a pas peu contribué à me faire paraître plus courts les jours qui me séparaient encore de mes travaux proprements dits.

Nous avons visité ensemble les galeries Doria et Albani, parcouru le Colysée au clair de lune, fait l'ascension de la tour du Capitole, et joui d'une admirable vue de Rome et de la campagne romaine au coucher du soleil. Nous projetons une promenade en famille à Albano, en suivant la voie appienne et nous n'oublierons pas le lac que les anciens surnommaient le Miroir de Diane, et qui a inspiré à Lamartine ces vers charmants :

> Le beau lac de Némi qu'aucun souffle ne ride,
> A moins de transparence et de limpidité.

M. Jackson, que j'apprends tous les jours à aimer davantage, est pour moi une relation aussi agréable qu'utile. Fort connu à Rome, il m'a ouvert bien des portes, par ses recommandations, et je lui dois, en particulier, l'accès de la bibliothèque Barberini, comme je lui devrai probablement mon introduction à la bibliothèque du palais Chigi. Nous dînons à peu près tous les jours ensemble, dans un restaurant d'artistes italiens ou étrangers, où j'ai fait plusieurs connaissances très intéressantes, et quand le soleil — assez rare à Rome — le permet, nous allons passer quelques heures et improviser un dîner champêtre à sa vigne, voisine du Monte-Pincio.

Nous avons même fait ensemble, à l'insu de Mme King, à laquelle je désirais épargner ce chagrin, une première promenade au lac d'Albano, magnifique nappe bleue qui s'étend sur le cratère d'un ancien volcan, et qu'entourent d'épaisses forêts de chênes.

Près de là, nous avons visité une villa Torlonia, où le bruit du vent se mêlait aux murmures des fontaines, tandis que les regards se reposaient sur l'horizon de Rome et de la mer, nappe dorée dont l'œil avait peine à supporter l'éclat. Au fond du tableau, le Soracte, chanté par Horace, m'apparaissait comme un vaste écueil échoué à demi dans les brumes.

Samedi, 7 novembre.

Ma journée d'hier a été partagée entre la Minerve et le palais Barberini, et c'est avec la plus vive satisfaction que je me suis retrouvé, en tête-à-tête, avec les vieux livres et les manuscrits du seizième siècle. A la Minerve, les Dominicains en robes blanches font eux-mêmes les honneurs de leur bibliothèque. D'immenses infolios imprimés, placés sur des tables et conte-

nant le catalogue des ouvrages imprimés — au
nombre de plus de 100,000 — sont à la disposition des travailleurs, et sur un signe, un des
Pères accourt pour vous apporter le volume
dont vous avez besoin, régime véritablement
libéral et digne de la république des lettres.

J'ai déjà trouvé, à la Minerve, quelques opus-
cules très curieux, et des indications importantes
pour mes travaux. La bibliothèque du palais
Barberini ne s'ouvre qu'une fois par semaine, le
jeudi, et par une faveur spéciale, j'ai pu y travailler hier, seul en compagnie de *l'abbate*, qui
s'est montré assez complaisant. Il y a là de
superbes manuscrits, des volumes de correspondances de la maison d'Este avec le cardinal
Caraffa, des lettres des plus illustres savants du
seizième siècle. J'ai fait de précieux extraits que
je continuerai jeudi prochain.

Te voilà bien au courant de ma semaine, et il
me tarde que le courrier de lundi m'initie un
peu à la tienne.

Le soleil nous est rendu, depuis quelques
jours, particularité assez rare à Rome, pour être
citée. Les horizons romains sont enchanteurs
par un beau soleil.

Demain dimanche, sera marqué pour moi, à
défaut de mieux, par quelque excursion à la
campagne.

Remercie le cher docteur Magnan de sa précieuse ordonnance qui sera exécutée à la lettre, en cas de besoin. Ma santé ne cesse pas d'être excellente, et je ne me souviens de Viterbe que comme d'un effroyable cauchemar qui ne doit pas se renouveler, par ma faute du moins.

Adieu, salutations à tous.

LXXXI

Rome, 13 novembre 1857.

Cette semaine a été celle des lettres, et les lettres, agréables partout, sont délicieuses à lire à Rome, parce que dans ce pays du passé, dans cette cité des monuments et des ruines, elles viennent vous rappeler que vous tenez au présent par un lien plus doux ; celui des affections.

Un mois s'est déjà presque écoulé depuis mon arrivée à Rome, et ce temps quoique, utilement occupé, admirablement rempli à bien des égards, n'a pas encore réalisé le but de mon voyage, puisque je ne dois commencer qu'aujourd'hui mes travaux au Vatican.

Quelle en sera la durée ? Dans quelles mesures s'accompliront les promesses du cardinal Antonelli ? C'est ce que je saurai sans doute dans quelques heures. De l'accueil qui me sera fait à la Bibliothèque et aux Archives, des premières communications qui me seront accordées, je pourrai conclure, avec assez de précision, le nombre et l'importance de celles sur lesquelles il m'est permis de compter, et la quantité de jours de travail qu'elles réclament. De là, dépend toute la suite de mon voyage que j'espère terminer, en tous cas, avec l'année.

Ces derniers jours ont été consacrés à d'utiles recherches dans les bibliothèques de Rome, déjà ouvertes au public, et dans les collections particulières dont j'ai obtenu l'accès. La Barberini a de superbes correspondances manuscrites où j'ai glané des citations et des faits intéressants. La Chigi, actuellement en réparation, avec le beau palais de ce nom, s'ouvrira incessamment pour moi, grâce aux recommandations de M. Visconti auquel j'étais adressé par Ernest Renan, et me promet de précieux renseignements sur des choses obscures ou ignorées du XVIe siècle.

La Bibliothèque des Augustins, qui m'a été signalée par le Père Theiner, doit attirer aussi mon attention, après celle de la Minerve, admirable bibliothèque où l'on trouve tout, en fait de livres imprimés.

A ces préoccupations scientifiques se sont mêlées, comme toujours, d'intéressantes promenades à Rome ou aux environs, en compagnie d'amis. J'ai visité avec Mme King et sa famille, la villa Pamphili portant dans ses marbres brisés, et dans ses bois séculaires de pins, mutilés par le canon, la trace, hélas ! ineffaçable du siège de Rome par les Français.

Un autre jour, nous visitions l'immense ruine qui porte le nom de Thermes de Caracalla, et nous errions mélancoliquement sous ces voûtes croulantes, à travers les salles encore décorées de belles mosaïques, qui rappellent la splendeur de ces lieux et la perpétuité de la nature, à côté de la brièveté de la vie de l'homme. Un autre jour enfin, mercredi dernier, réalisant par un beau jour, un projet depuis longtemps formé, nous nous rendions à Albano, en suivant l'antique voie appienne, splendide avenue funèbre, bordée, durant plusieurs milles, de monuments et de tombeaux parmi lesquels on admire celui de Cecilia Metella. D'Albano, dont le lac m'était déjà connu, je continuai la promenade à pied avec Arthur et sa sœur, pendant que Mme King et Vernon se reposaient à l'hôtel, et par une succession de sites charmants, de ponts dignes des Romains, nous arrivions au lac de Nemi, délicieusement caché dans un nid de montagnes et de forêts, et qui, légèrement ridé par le vent, malgré les vers du poète, ne nous parut pas moins digne du nom gracieux que lui donnaient les anciens.

Vendredi, midi.

Je reviens du Vatican et quoique je n'en rapporte pas une ligne, tout s'y présente sous de favorables auspices. Mgr de Saint-Marsan, archevêque d'Ephèse et premier *custode* de la Bibliothèque, avait en poche ma note et les recommandations bienveillantes du cardinal Antonelli, et il me prépare pour demain ses premières communications. Le nom de Renée ayant été prononcé, il m'a dit avec un spirituel sourire : « Vous savez que ses correspondances étaient plus avec Calvin qu'avec les papes », et néanmoins, les documents qui concernent la maison d'Este seront mis à ma disposition.

Ces documents sont en petit nombre à la bibliothèque, et sont surtout déposés aux Archives, avec les collections diplomatiques confiées à la garde du père Theiner, auquel j'ai fait une seconde visite. Le récit de mon entrevue avec le tout-puissant cardinal, de l'accueil favorable que j'ai trouvé près de son Eminence, dont les dispositions bienveillantes n'étaient sans doute pas ignorées du Père Theiner, l'a rendu lui-même plus accueillant, et il m'a offert un rendez-vous, demain matin aux Archives, pour faire les premières recherches.

Voilà où en sont mes affaires au Vatican, et je

commence à espérer..... qu'avec un peu de patience, beaucoup de réserve, de discrétion et d'amabilité, si c'est possible ! tout ira bien. Que te dirai-je d'ailleurs de cette merveilleuse Bibliothèque du Vatican dont j'ai franchi le seuil aujourd'hui, pour la première fois. C'est moins une bibliothèque qu'un musée, ou plutôt une succession d'admirables galeries de marbre et de porphyre, contenant dans des armoires fermées, de mystérieux trésors que des siècles de travail ne sauraient épuiser. J'ai demandé un volume assez rare, à la recherche duquel j'ai parcouru, avec un custode, ces galeries brillantes. Le volume ne s'est pas trouvé, mais je m'en suis aisément consolé en admirant toutes les merveilles qui se déployaient partout sur mes pas.

Adieu, que ces lignes te soient douces, comme le sont pour moi, tes lettres du lundi, jour heureux puisqu'il m'apporte invariablement un message d'affection. Je songe souvent à vous tous, et je vis de votre vie, au milieu des diversions brillantes ou tristes de l'existence de Rome, et le jour du retour m'apparaît comme un beau jour.

LXXXII

Rome, 21 novembre 1857.

Me voici aux premières lueurs du matin, vêtu de ma précieuse robe de chambre et les pieds couverts de mon plaid Ecossais, qui n'est pas de trop, même à Rome, occupé à t'écrire pour te présenter le journal hebdomadaire de mes mécomptes, de mes succès et de mes travaux. Cette semaine a été pour moi mêlée de bien des vicissitudes, c'est-à-dire que j'ai passé coup sur coup, par un état de vives espérances et de découragement profond. Les choses vont si lentement à Rome ; il faut faire tant de pas et de démarches pour obtenir les plus simples que l'on n'en finit pas, et ce que l'on croit obtenu, il faut le solliciter encore. Enfin, j'avais promis en haut-lieu d'avoir patience, j'ai tenu parole et j'en suis récompensé. J'ai vu s'ouvrir la mystérieuse porte des Archives et trois volumes de lettres du Vatican m'ont été présentés par le Père Theiner, qui m'a laissé seul dans son cabinet, en compagnie des princes, des rois et des reines, correspondants illustres de Paul IV et de Pie V. Je n'ai pas tardé à reconnaître, j'allais presque dire à deviner, d'intéressantes lettres de la famille d'Este, dont la lecture m'a transporté dans les beaux temps dont je retrace l'histoire, mais le règlement interdit toute copie, même partielle, de pièces conservées aux Archives, sans une autorisation du cardinal secrétaire d'Etat, et du pape lui-même. J'avais donné ma parole de ne rien copier, au Père Theiner, et je l'ai tenue. Il est vrai que si j'avais promis de ne rien copier, je n'avais point promis de ne pas me souvenir, et quelques passages particulièrement curieux, se sont d'eux-mêmes inscrits dans ma mémoire. Les volumes en question ont dû être présentés hier, par le Père Theiner, au cardinal Antonelli, dont l'autorisation spéciale ne peut m'être refusée, et c'est aujourd'hui que je retourne aux Archives prendre copie des lettres ou des fragments qui ont un intérêt particulier pour moi.

Le règlement de la Bibliothèque du Vatican, moins rigoureux que celui des Archives, laisse plus de facilité pour mes travaux. Toutefois, la communication des catalogues est sévèrement interdite, et je dois me résigner à les parcourir en compagnie et sous l'œil vigilant de Mgr d'Ephèse, quand il ne délègue pas ses pouvoirs à M. De Rossi. Les documents relatifs au sujet qui m'occupe y sont moins nombreux que je ne l'imaginais; quelques pièces curieuses se sont néanmoins offertes à moi. J'ai pu les lire, et en faire des extraits. M. De Rossi, mon savant et aimable guide dans les catacombes, se montre on ne peut plus obligeant dans nos communes recherches à travers les catalogues de la Vaticane qui lui sont très familiers.

Nous avons consacré toute la matinée d'hier à ce travail qui n'a pas été sans fruit, et nous le continuerons lundi prochain.

C'est à la recommandation du cardinal Antonelli que je dois les facilités relatives qui me sont ici accordées, et les habitudes de défiance et de mystère sont tellement invétérées à Rome que je devrai m'estimer heureux d'avoir passablement réussi, là où tant d'autres viennent complètement échouer.

Toutefois, la semaine dans laquelle nous allons entrer sera probablement la dernière de mon séjour à Rome, séjour qui me laissera des souvenirs mêlés de tristesse et de joie, et en tout cas d'ineffaçables impressions. Je compte me trouver à Naples le 1er décembre.

D'importants manuscrits qui devaient se trouver au Vatican en ont été distraits, me dit-on, par les héritiers de la famille Farnèse, et se trouvent aujourd'hui aux Archives de Naples. S'il en est ainsi, une moisson plus abondante m'est réservée dans cette ville, grâce aux bonnes recommandations dont je suis muni.

Les préoccupations de ces derniers jours m'ont

laissé peu de temps pour la promenade ; cependant j'ai pu visiter avec notre aimable amie, Mme King, la galerie du palais Rospigliosi, où l'on admire une Aurore du Guide, et nous nous sommes ensuite dirigés, pour la seconde fois, vers la voie Appienne, et le tombeau des Scipion et de Cecilia Metella.

La tombe des Scipion, dont les sarcophages ont été transportés au Vatican, n'est plus aujourd'hui qu'une mystification, mais celle de Cecilia Metella est admirable de solidité, d'élégance, et les belles ruines d'aqueduc qui sont tout auprès, se détachant sur les montagnes bleues de Tivoli, donnent à cette scène un caractère de grandeur et de poésie que l'on ne retrouve qu'à Rome.

Je ne perds pas de vue mon projet de cours à Genève, qui sera pour nous l'heureuse réunion, après une bien longue absence.

LXXXIII

Rome, 27 novembre 1857.

Cette lettre est la dernière que tu recevras de Rome, mon départ pour Naples étant irrévocablement fixé au 1er décembre. J'espère ainsi recevoir ta lettre ordinaire du lundi, et terminer, sans trop de fièvre, mes dernières recherches entremêlées de quelques visites indispensables. Celle au cardinal Antonelli est la plus importante, et quoique ses instructions n'aient *pu* porter tous leurs fruits, je lui dois trop néanmoins, pour ne pas lui porter, avant mon départ, l'expression .de mes remerciments et de mon respect.

Je viens de dire adieu au Père Theiner qui s'est montré bon et obligeant, depuis surtout que le cardinal l'a autorisé à me laisser prendre copie des documents relatifs à la maison d'Este, mais qui, redoutant la responsabilité qui pèse sur lui, comme directeur des Archives est, sans doute, bien aise de me voir partir, pour ne pas mettre son obligeance à de nouvelles épreuves. Il m'a pourtant rendu un éminent service, en me prêtant un volume récemment publié de documents et de lettres tirés des Archives de Parme, et qui comble pour moi bien des lacunes dans l'histoire religieuse de l'Italie au XVIe siècle. Le Père Theiner est un religieux allemand ; sous la réserve prudente de son rôle, comme directeur des Archives et historien de l'Eglise catholique, il y a pourtant un vieux fonds de franchise et de cordialité germaniques qui n'a pas disparu, et nos relations étaient, dans ces derniers temps, devenues assez familières pour qu'il m'appelât « son très cher », en me tapant amicalement sur l'épaule. Soupçonne-t-il la nature de mes travaux ? Je ne sais ; en tout cas, Mgr d'Ephèse s'en doute fort bien, car les articles de M. Mignet dans le *Journal des Savants*, ne lui sont pas inconnus, ce qui ne l'a pas empêché de parcourir complaisamment avec moi, tous les catalogues de la Vaticane dont la pauvreté, en fait de documents religieux et littéraires pour l'époque dont je suis occupé, est vraiment inexplicable.

Il est vrai que beaucoup de documents précieux que l'on devrait retrouver à Rome, sont dispersés ailleurs, avec l'héritage des Caraffa et des Farnèse, dans les archives particulières de quelques familles, ou dans les Bibliothèques publiques de Parme, de Florence et de Naples. Les lettres du duc d'Aumale ne peuvent manquer de m'être fort utiles, dans cette dernière ville, où, sans ce haut patronage, je n'aurais pu songer à faire de sérieuses recherches, aussi me tarde-t-il de l'en remercier en lui transmettant l'expression de mes vives sympathies pour le nouveau deuil qui vient de frapper sa famille, après déjà tant d'autres épreuves accumulées.

J'ai profité de ces derniers temps qui ont été froids et beaux, pour faire une excursion du plus grand intérêt à Tivoli, où la villa d'Este, les ruines de la villa Mécène, les cascades chantées par Horace, sont autant d'objets dignes d'études et d'admiration. Mon attente a été dépassée, et cette belle villa du cardinal Hippolite d'Este, avec ses cyprès séculaires, ses fontaines toujours jaillissantes, dominant la vallée de l'Anio, retentissant, comme aux jours d'Horace et de Virgile, du murmure des cascades, ces ruines suspendues sur les abîmes, ces monts consacrés par tant de souvenirs, et parés de belles forêts d'oliviers, ont fait sur moi une impression extraordinaire. La vue des lieux est le meilleur commentaire de l'étude des livres et des documents, et les vers de mes poètes chéris me revenaient à la mémoire, en parcourant ces sites célèbres.

L'historien, comme le poète ou le peintre, a besoin de puiser une inspiration dans la contemplation des grandes scènes de la nature, cadre magnifique dans lequel doivent se détacher les peintures de la vie morale mêlées au récit des événements.

Cette semaine me réservait encore une agréable surprise dans l'arrivée de Mlle Frédérika Bremer et de sa charmante compagne, Mlle Jenny L., descendues, l'une et l'autre, à l'hôtel de la Minerve, en attendant de s'installer pour quelques mois, dans un appartement meublé du Corso ou de la Place d'Espagne.

J'ai passé de douces heures de causerie et d'intimité auprès de ces dames, dont l'une re-

grette de ne pas te connaître et dont l'autre me
charge de ses meilleures amitiés pour toi.
Mlle Jenny continue à se rétablir, quoique lentement et les promenades un peu prolongées sont
encore difficiles pour elle. Les souvenirs de
Montreux ont occupé une grande place dans nos
entretiens, entremêlés comme toujours, de mélancoliques regrets que tu partageras sûrement
en apprenant la mort de Mme Töpffer.

Une lettre de Genève, dont un fragment m'a été
communiqué par ces dames, m'apprend que mon
cours y est attendu pour le mois de janvier. Je
suis fort aise de le savoir et de prendre toutes
mes mesures en conséquence. Mais en dépit de
tous mes efforts pour abréger mon voyage, je le
vois, hélas! se prolonger au delà du terme prévu.
Je ne puis guère espérer de quitter Naples avant
trois semaines, et le monastère du Mont Cassin,
point très important, Florence où je devrai peut-
être passer quelques jours, me reportent déjà
aux commencements de la nouvelle année, qui
ne sonnera pas pour moi, sous le toit paternel,
ni près de toi et des tiens. Je ne puis refuser, à
mon père, une courte visite qui est un besoin de
cœur pour lui comme pour moi.

J'ai besoin de me recueillir, d'ailleurs, avant
de commencer un cours qui ne peut être la répé-
tition pure et simple de celui de Vevey. Pour

tout cela, ce n'est pas trop d'un répit de deux ou trois semaines qui me conduit aux environs du 1er février, seule époque possible de l'ouverture de mon cours. J'écris dans ce sens à M. Cellérier.

Je ne dirai pas adieu, sans regret, à Mme King et à M. Jackson. Quel précieux et excellent ami, il a été pour moi, et que de douces heures passées au coin de son feu !

Pour toi, mes plus tendres adieux, de la ville éternelle.

LXXXIV

Naples, 3 décembre 1857.

Naples ! Ce mot magique, quoique la réalité ne réponde qu'imparfaitement aux magnificences rêvées par l'imagination, Naples a, du moins, le mérite suprême de marquer la limite de mes excursions scientifiques en Italie, et de rendre plus prochaines les perspectives du retour.

Ce mérite n'est pas le seul, et il faudrait être singulièrement dépourvu d'enthousiasme et de poésie pour demeurer insensible à l'éclat de ce golfe merveilleux, à ces splendeurs de la terre et du ciel, qui ne font, hélas ! que trop ressentir la misère de l'homme et qui laissent l'observateur en suspens entre l'admiration et la pitié.

Arrivé ici, par le plus beau temps du monde, j'ai pu parcourir rapidement la ville, qui n'a pas la grandeur solennelle et triste de Rome et qui toute rayonnante de soleil et retentissante de bruit, semble vous convier aux faciles jouissances de l'imagination, comme Rome aux graves méditations de l'histoire. Le soir, errant sur les quais, aux rayons de la lune, j'admirais sur la baie ces larges taches lumineuses que nous avons tant de fois admirées sur la nappe de notre lac favori ; et mes regards suivant à travers une brume étincelante, la ligne lointaine des monts, reconnaissaient la cime du Vésuve à cette rouge lueur qui s'en détache sur un ciel rayonnant, et qui sous un ciel sombre doit produire des effets d'une beauté extraordinaire. J'en jugerai dans quelques jours, lorsque le disque décroissant de la lune n'éclairera plus que faiblement ce golfe aujourd'hui noyé de lumière, et je n'attendrai pas ce moment, pour aller saluer de plus près le géant que je n'ai contemplé jusqu'ici qu'à une respectueuse distance. Demain vendredi, est le jour fixé pour visiter, avec quelques compagnons de voyage intéressants, arrivés avec moi de Rome à Naples, les doubles merveilles de Pompéï et du Vésuve dont les dernières pages de cette lettre contiendront le récit.

Les curiosités de Naples ne m'ont pas fait

oublier le but particulier de mon voyage, et les démarches propres à en assurer le succès. J'ai vu le prince de Belmonte qui, ne se trouvant pas à son hôtel quand je m'y suis présenté, a poussé l'obligeance jusqu'à me faire une visite ce soir, et s'est mis entièrement à ma disposition pour mes recherches aux Archives.

C'est un homme savant, spirituel, que la lettre du duc d'Aumale a disposé on ne peut plus favorablement à mon égard. Il ne doute pas que cette même recommandation ne m'ouvre l'accès des archives particulières du palais du roi, pour lesquelles l'intervention du marquis del Vasto me sera très utile.

Le marquis était absent aujourd'hui de Naples, mais je le verrai au premier jour, et l'immense crédit dont il jouit à la cour, me paraît de bon augure pour le succès de la requête que je devrai, sans doute, adresser au roi lui-même. Le prince de Belmonte m'a donné rendez-vous aux Archives pour après-demain samedi, et il y a déjà transmis des ordres pour que j'y fusse accueilli, en son absence, avec faveur par les employés et que j'y pusse trouver toutes les facilités de travail nécessaires. Tel est le résultat de ma seconde journée à Naples, utilement remplie. Puissent les autres y ressembler ! ou du moins en réaliser les promesses !

Samedi, 5 décembre.

Je reprends la plume ce matin pour achever
ma lettre, à la hâte, avant de me rendre aux
Archives où m'attend le prince de Belmonte. La
journée d'hier, favorisée d'un soleil splendide et
d'une chaleur d'été, a été remplie par deux
excursions qui me laisseront un profond souvenir, Pompeï et le Vésuve. Pompeï a renouvelé,
mais d'une manière en quelque sorte électrique,
mes impressions du Forum, en me montrant une
cité romaine surprise par les laves, au milieu
des scènes familières de l'existence publique et
privée, de la vie et de la mort. Les bains de
marbre semblent encore attendre les baigneurs
et la roue des chars est encore empreinte sur les
voies qui conduisent au Forum et au Théâtre.
Dans la maison du boulanger, nous avons fait
mouvoir, après bientôt deux mille ans d'immobilité, la meule destinée à moudre les grains, et
nous avons admiré, dans tous les détails, la
somptueuse demeure du riche marchand Dio-
mède et de l'édile Pausa. Aujourd'hui, comme
au temps de sa prospérité, la ville est au loin,
dominée par le Vésuve, entrevu çà et là à travers
les portes et les arcs de triomphe en ruines. Nous
avons pris le chemin du volcan, à travers des
plaines de cendre ondulées et des monticules de

lave roulant sous nos pieds, et après une
ascension de trois heures, nous sommes parve-
nus au sommet, c'est-à-dire au bord des cratères,
vastes gueules fumantes de souffre, tandis que
l'une des bouches du volcan lançait, à plusieurs
reprises devant nous, avec un bruit de tonnerre,
ses laves enflammées qui tombaient en pluie de
fer rouge, à nos pieds. C'est beau, c'est terrible à
voir, et l'hypothèse du feu central acquiert, sur
ces hauteurs, une effrayante réalité. Je ne te dis
rien de l'admirable tableau qui se déroulait sous
nos yeux, les montagnes violettes de la Calabre,
et le soleil noyant ses derniers feux dans la mer
qui baigne Ischia et Sorrente !... Le soir, à neuf
heures, j'étais de retour à l'hôtel, et me plongeais
délicieusement au lit après les fatigues écra-
santes de la journée, qui me laissent encore un
léger embarras dans les jambes, comme après les
folles descentes de Cubly, et cependant je m'étais
aidé d'un mulet, pour la plus grande partie du
voyage ; mais, c'est là une fatigue d'une autre
nature, qui laisse aussi des traces sensibles. Je
vais me reposer quelques jours au travail.

J'ai été reçu très amicalement par la famille
Meuricoffre, à laquelle j'étais depuis longtemps
annoncé, et qui a bien voulu m'inviter à prendre
le thé aujourd'hui et à retourner familièrement,
tous les soirs, prendre ma place dans le cercle

de famille, on ne peut plus gracieux et charmant.

Dis autour de toi mille tendres amitiés, sans
oublier tous nos amis, que je suis à mon tour
bien impatient de revoir, mais quand ?...

LXXXV

Naples, 8 décembre 1857.

J'anticipe sur le samedi, jour ordinaire de ma
correspondance, pour ne pas te causer trop d'embarras dans l'expédition de ta prochaine lettre
qui ne me trouverait plus à Naples, et qui me
sera plus sûrement expédiée à Rome, aux soins
de M. Jackson, pour qu'elle ne s'égare pas aux
mains de mes éternels homonymes, comme cela
m'est arrivé deux fois dans cette ville.

Mon désir est, tu le sais, de visiter le Mont
Cassin, placé à égale distance de Rome et de Naples, sur la frontière des deux Etats, ce qui
décide mon itinéraire pour le retour. Je compte
quitter Naples vers le 20 et j'espère arriver à
Nimes dans les premiers jours de janvier.

Combien il m'eût été doux de t'y rencontrer.
C'était là un rêve que je caressais, sans oser trop
te le dire, au fond de mon cœur. Il faut y renoncer ; l'état de souffrance de ta mère t'interdira
sans doute de la quitter à ces derniers jours de

l'année, où l'on sent plus vivement le besoin de se presser autour de ce qu'on aime, et la courte halte promise à mon père ne sera pas sans vide de cœur, sans regret pour moi. C'est donc à Genève que tu viendras me rejoindre en terminant ainsi la longue et triste séparation qui n'aura pas duré moins de cinq mois!

Depuis samedi dernier, j'ai visité les Archives sous la conduite du prince de Belmonte, qui m'en a fait les honneurs, et après avoir pris connaissance des plus anciens documents, grecs, lombards, angevins, aragonais, etc., qui y sont conservés; après avoir entendu les savantes explications d'un Bénédictin archiviste, sur ce sujet, j'ai été gracieusement invité à inscrire mon nom sur un registre d'honneur, à côté de celui du prince d'Orange et de mon noble ami le duc d'Aumale. Tous les employés ont reçu l'ordre de se tenir à ma disposition, et rivalisent de zèle à favoriser mes recherches qui ont eu jusqu'ici peu de résultats, parce que les documents particuliers qui ont pour moi le plus d'intérêt, sont conservés dans les archives spéciales du palais de sa Majesté. Le crédit du marquis del Vasto pouvait seul m'en ouvrir les portes. J'ai fait une visite au noble marquis, admirablement dépeint dans la lettre du duc d'Aumale et dont l'accueil a été tout ce que je devais espérer de la royale introduction dont j'étais muni. Son altesse a fait appeler son secrétaire et lui a commandé d'aller trouver immédiatement de sa part le prince de Bisignano, premier chambellan du roi, pour lui annoncer qu'un savant Français, ami du duc d'Aumale, désirait consulter les Archives royales, et s'entendre avec lui sur le jour et l'heure où ces Archives pourraient lui être ouvertes.

Aujourd'hui mardi, fête de la Conception, toute la ville est en gala et toutes les administrations fermées; mais j'espère user jeudi de la faveur qui m'est assurée par la protection du marquis del Vasto, et qui peut avoir pour mes travaux de précieux résultats.

Le prince de Belmonte m'a aussi fourni les plus utiles introductions dans les diverses Bibliothèques de Naples, où je commencerai mes recherches demain. Le temps qui me reste à passer ici sera laborieusement occupé par le travail, et par deux excursions indispensables, à Sorrente et à Baïa.

Malgré le charme de ses environs et l'éclat incomparable de la mer et des îles qui l'entourent, Naples me plaît assez peu comme séjour. En dehors de la rue de Tolède et de quelques places, la ville est horriblement sale, et ressemble plus à un vaste village qu'à une ville. Poules et pourceaux se promènent dans les rues. Le peuple, sous ses haillons, est affreusement bruyant et criard, et je cherche en vain sur ces physionomies, les nobles traits de la dignité humaine, sans laquelle il n'est pas de civilisation véritable. Oh ! combien Rome, dans son désert peuplé de tombes et de ruines, m'apparaît grande et magnifique depuis que j'ai vu Naples, et combien la nature elle-même, avec toutes ses splendeurs, est impuissante à faire oublier la dégradation de l'homme qui semble moins ici l'élu d'un ciel favorisé que sa victime.

J'ai assisté dimanche dernier, dans la chapelle de la légation de Prusse, à un culte français dont la longue privation m'a fait d'autant plus apprécier la douceur. Le pasteur est M. Roller, que j'avais déjà vu à Nimes.

Aujourd'hui, messes, processions, revue, pétards partout. C'est avec les criailleries ordinaires, le divertissement obligé de Naples.

Adieu, en attendant de pouvoir échanger ce triste mot d'adieu qui clôt toutes mes lettres contre un doux revoir.

LXXXVI

Naples, 13 décembre 1857.

C'est dans une triste réclusion que s'écoule pour moi cette journée de dimanche, le dernier que

j'espère passer à Naples, car je souffre d'une de
ces terribles fluxions à la joue dont j'ai déjà tant
souffert, il y a moins de deux ans, à Clarens. J'ai
la tête toute endolorie, et j'ai fait un suprême effort pour me rendre, ce matin, au culte français
et maintenant me voilà de retour dans ma chambre solitaire qui n'est pas sans tristesse, et dont
j'essaie de me consoler en t'écrivant. Ma pensée
se détachant de cet effrayant brouhaha que l'on
admire à Naples et qui m'en rendrait le séjour
insupportable, retourne vers ceux que j'aime. Elle
se repose à Courbevoie auprès de toi et des tiens,
et je vous vois réunis dans une douce causerie,
au coin du feu, ou peut-être jouissant en famille,
d'un de ces beaux rayons de soleil, qui sont la
poésie de l'automne. Puisse ta mère en jouir avec
vous, ou du moins goûter, dans sa plénitude, aux
heures de souffrance, ce bonheur sans prix d'être
entouré, soutenu, consolé par ceux que l'on
aime.

Mon séjour à Naples, dont je t'ai raconté les
brillants débuts, ne réalise pas d'ailleurs les espérances que j'avais nourries et que tout semblait confirmer. Ce n'est pas faute de bon vouloir
de la part des personnages distingués auxquels je
suis adressé, mais ils sont impuissants à me
procurer les facilités nécessaires pour pénétrer
dans les archives particulières du roi, et à vain-

cre cette masse inerte de résistances sourdes et cachées qui s'oppose ici à toute communication libérale. Le prince de Belmonte, homme d'esprit et de cœur, s'il en fut, en gémit sincèrement et déplore de ne pouvoir faire pour moi tout ce que lui a demandé le duc d'Aumale ; mais ses archives ont été dépouillées de leurs documents les plus précieux et spécialement des manuscrits de la bibliothèque Farnèse qui m'intéressent particulièrement, et qu'un ordre émané du roi pourrait seul mettre à ma disposition. Tout ce que je puis espérer, c'est une communication partielle, insignifiante peut-être, de documents choisis et copiés à dessein, avec autorisation spéciale, et le marquis del Vasto, dont je ne saurais trop reconnaître le zèle et les bontés en ce qui me concerne, s'est chargé de demander au roi cette faveur, la seule qui, dans l'état actuel des choses à Naples, puisse m'être accordée.

Toutes ces contrariétés réunies m'auraient déjà fait quitter Naples, si je n'étais retenu par cette malheureuse indisposition qui vient comme à point pour river mes chaînes. Je fais effort pour me résigner de mon mieux, mais c'est une chose terrible que les douleurs de la journée suivies de nuits sans sommeil. Le mal doit suivre son cours et cataplasmes, eau camphrée ne sont que des palliatifs impuissants.

Armons-nous donc de patience, vertu si facile aux jours de santé, quoiqu'on l'exerce si peu, et qui ne fait jamais plus défaut que quand on en a besoin.

A la lecture de ces lignes qui ne devraient pas t'affliger, sans la distance qui nous sépare, tu pourras du moins penser que la *crise* est passée et y puiser une consolation efficace.

Lundi, deux heures.

Je viens de recevoir ta lettre du 8 décembre qui a ramené un peu de bonheur dans ma vie, car penser à toi, te lire est pour moi une consolation véritable.

Le temps ne cesse pas d'être à Naples, comme à Rome sans doute, d'une admirable beauté, mais le soleil, qui a sur moi une si grande influence, un beau ciel bleu souriant constamment à ma fenêtre, ne suffit plus à me consoler. Cette dernière nuit a été un peu meilleure, et j'essaie de me persuader que c'est déjà la période du déclin. Mais être quitte d'une fluxion en trois jours, ce serait trop beau; je n'ose pas m'y fier et je m'arme de patience. Quelques visites, entre autres celles de mon ami Bourguignon Meuricoffre et du prince de Belmonte, charmant pour moi, quelques lectures agréables abrègent les nuits et occupent la journée. Le domestique de l'hôtel est très complaisant et accourt au premier coup de sonnette pour m'apporter d'excellents potages, du thé, etc., car je ne puis pour le moment avaler rien de plus.

Hier, au sortir de la chapelle française, j'ai rencontré Mlle Alix Barillet, aujourd'hui Mme Mey, avec son mari qui était déjà venu déposer une carte à l'hôtel. Il voulait m'engager pour le soir même et cette réunion, assaisonnée de conversations sur la Suisse et les amis communs, m'eût été très agréable, mais je n'ai pu l'accepter que conditionnellement pour le milieu de la semaine. Mme Mey n'est que médiocrement enchantée de Naples et son rêve, ainsi que celui de son mari, est d'aller se fixer à Clarens, à l'échéance du congé militaire et de la retraite en 1860.

J'ai fait, avant mon indisposition, une superbe promenade à Pouzzole, Cumes, Baïa et recueilli, sur les lieux, comme partout, des notes et des impressions ineffaçables.

Tu vois que je me laisse aller, malgré mes peines, à jaser avec toi plus que je ne devrais, presque à sourire avec ma pauvre joue empaquetée. C'est le doux fruit de ta lettre. Dis à tous, près de toi, mes plus fidèles affections, et pour toi les meilleures pensées de celui qui t'aime de tout son cœur.

LXXXVII

Naples, 21 décembre 1857.

Ceci n'est pas une lettre, mais un mot de **tendre** affection que je dois t'adresser **avant de** quitter Naples, pour ne pas laisser un **retard trop** fâcheux se glisser dans notre correspondance.

Retenu cinq jours dans ma chambre par l'indisposition dont tu connais le commencement et qui n'était qu'une fluxion, mais très longue et très douloureuse, j'ai enfin recouvré ma liberté... assez tôt du moins pour reconnaître qu'en **dépit** des hautes amitiés et des puissantes recommandations que j'ai trouvées ici, un séjour prolongé serait parfaitement inutile.

Je pars donc les mains vides, comme j'étais venu, mais non calme et résigné, je l'avoue, **de**vant l'insolent triomphe de ces puissances de ténèbres qui règnent sans partage dans cette **mal**heureuse cité, où le soleil, le ciel bleu ne **sont** qu'une amère ironie, une insulte de plus **aux** cœurs honnêtes qui savent encore s'indigner et souffrir!.. Naples n'est qu'un cachot, il me **tarde** de revoir Rome, qui a été pour moi si noblement hospitalière, et d'y retrouver quelques amis, **près** desquels il me sera donné de passer quelques jours avant d'aller en Toscane. Les fêtes de **Noël** ont d'ailleurs un intérêt historique dans la **mé-**

tropole de la catholicité et, quoi qu'il m'en coûte de faire le sacrifice des moyens d'édification que j'avais ici sous la main, des amitiés nouvelles que j'avais rencontrées dans cette cité, je ne respirerai librement, je ne me sentirai calme, heureux, que lorsque j'en serai sorti.

Les journaux t'ont sans doute apporté le récit de l'effroyable secousse de tremblement de terre qui s'est fait sentir à Naples et après laquelle je m'étonne, en vérité, de voir encore debout cette malheureuse ville. C'était vers onze heures du soir, dans la nuit du 15 au 16, et dans une de mes douloureuses insomnies. Je me levai en sursaut. Hommes et femmes se précipitaient à demi vêtus, avec des cris de terreur et des sanglots, dans l'escalier de l'hôtel, en quelques minutes désert. J'y restai à peu près seul avec quelques domestiques effarés, me promenant mélancoliquement dans ma chambre, songeant à tous ceux que j'aimais et remettant mon sort entre les mains de Celui qui peut seul nous préserver, dans un extrême péril, et qui sait mieux que nous ce qui nous convient.

Mais il y eut pour moi, après la troisième secousse, qui fit chanceler tout l'hôtel comme une maison qui s'écroule, quelques secondes d'une inexprimable angoisse, et les lugubres impressions de cette nuit ne s'effaceront jamais de mon souvenir. La nuit suivante, on couchait dans les voitures, on campait en pleine rue, dans la crainte d'une catastrophe. On porte à quinze mille le nombre des victimes dans les provinces.

Pardonne si cette courte lettre, qui mérite à peine ce nom, ne te dit rien de plus; j'ai le cœur triste et je ne saurais m'épancher que loin, bien loin d'ici.

Les Meuricoffre ont été excellents et sont venus me voir à toute heure, durant mon indisposition. J'ai passé de douces heures de convalescent sous leur toit, chez le pasteur M. Roller et chez Mme Mey. Je vais dîner aujourd'hui à Portici, chez un négociant, ami de mon père, et je compte partir demain par le paquebot de Civita-Vecchia, en sacrifiant le Mont-Cassin pour lequel il n'y a nul service de voitures organisé.

LXXXVIII

Naples, 22 décembre 1857.

J'ai enfin découvert une diligence pour San Germano et je pars pour le Mont-Cassin. J'ai besoin, après tous mes mécomptes de Naples, de respirer une atmosphère plus pure, de contempler ce qu'il y a de plus savant et de plus libéral dans l'Eglise catholique. J'espère le trouver au Mont-

Cassin, et ce pèlerinage à la fois scientifique et
religieux me fera grand bien, sous tous les rapports. Une seule inquiétude se mêle à mes espérances : arriverai-je assez tôt à Rome, par cette
voie détournée, pour y déposer une lettre qui
puisse te parvenir le 1er janvier! Je crains que
non, et dans ce cas, je dépose dans ce billet tout
ce qu'il y a dans mon cœur de sentiments pro-
fonds, de vœux affectueux pour toi et les tiens.
Donne en retour une pensée à ton Jules, aime-le,
et souhaite avec lui que ce 1er janvier soit le
dernier qui s'écoule dans une triste séparation.

LXXXIX

Rome, 28 décembre 1857.

Que ne puis-je te transmettre ce nouveau
message, avec la rapidité de l'étincelle électrique
pour devancer et adoucir, auprès de toi, les impressions de ma dernière lettre de Naples.

J'en étais parti, tu le sais, avec un profond
sentiment d'amertume, me dirigeant après quelques hésitations, vers le Mont-Cassin, sans trop
savoir l'accueil que je trouverais dans l'antique
asile de Saint-Benoît, pressentant cependant que
j'y respirerais un air plus libre et plus pur, au
sortir des tristesses et des abjections de Naples,
et ce pressentiment ne m'a pas trompé. Les deux

jours que j'ai passés au Mont-Cassin (¹), durant les fêtes de Noël, demeureront à jamais un des meilleurs, un des plus beaux souvenirs de ma vie.

Arrivé le mercredi soir à San-Germano, au pied du monastère, j'ai attendu le matin pour en faire l'ascension avec un guide aveugle, porteur de mon sac de nuit, et un mulet en possession du transport des voyageurs sur ces hautes cimes. Le brouillard le plus épais régnait dans la vallée, mais la brume se dissipait, peu à peu, à mesure que j'approchais du couvent qui m'est enfin apparu comme une île de lumière, se détachant sur un ciel d'azur, au milieu de l'admirable paysage des Apennins colorés des premiers feux du soleil. C'était l'impression décrite par Dante, au sortir des ombres du purgatoire et à l'entrée du paradis, « Dolce color d'oriental zaffiro », et cette impression véritablement céleste n'était que l'avant goût du recueillement délicieux et du repos parfait qui m'attendaient dans ces hautes retraites. Le doute à cet égard, s'il eut pu traverser mon esprit, eût été une injure pour ces nobles religieux qui n'ont pas cessé de représenter depuis douze siècles, la science et la piété, et dont l'histoire est après tout, ce qu'il y a de plus

(¹) M. Bonnet a publié une relation de sa visite au Mont-Cassin, dans la *Revue Chrétienne* du 5 décembre 1866.

illustre et de plus pur dans l'église catholique. Il m'a suffi de remettre les lettres de recommandations dont j'étais muni, de me trouver en présence du Père Tosti, pour lire dans son beau regard, dans sa noble physionomie qu'éclairait un sourire ami, la confirmation des espérances que j'avais conçues, et me sentir heureux et à l'aise dans l'atmosphère d'un cloître. Mais quel cloître que celui dont j'étais l'hôte! Quelle lumière partout répandue! Quelles ravissantes perspectives sur les monts! Quelle vue surtout de la chambre où j'ai été aussitôt installé, au midi, et où je n'ai pas tardé à recevoir la visite du préfet des Archives, le Père Calefati, aujourd'hui prieur du Mont-Cassin, auquel j'étais également recommandé par Ernest Renan.

Ce premier entretien a été une véritable effusion de cœur et m'a fait véritablement sentir qu'à travers la variété des formules humaines, et la diversité même des cultes, il est plus haut que la terre, une commune région d'espérance et de foi où les âmes peuvent se rencontrer.

Avec une délicatesse admirable, ces excellents religieux ont respecté ma liberté, tout en réservant la leur pour l'accomplissement des nombreux devoirs qu'amenait, pour eux, la solennité de Noël, et je n'ai pas cessé de me sentir entouré des soins les plus affectueux, de l'hospitalité la

plus aimable et la plus prévenante, qui recevait
un nouveau prix des visites multipliées, des entretiens scientifiques ou religieux toujours mar-
qués au coin de la plus exquise urbanité, qui ont
occupé, je pourrais dire embelli, enchanté ces
deux jours dans ma chambre solitaire, ou plutôt
dans le salon dont je faisais les honneurs à ces
dignes Pères, et où m'étaient apportés, de la
bibliothèque et des archives, tous les ouvrages
qui avaient quelque intérêt pour moi. J'ai pu y
faire quelques rares, mais précieux extraits, et
le matin de mon départ, le Père Calefati me
disait avec un accent que je n'oublierai jamais.
« Si vous n'emportez pas de précieux documents
que nos archives n'ont pu vous offrir, vous emportez nos cœurs » ! et ce mot si bienveillant,
résumait pour moi, toutes les impressions, tous
les souvenirs d'un séjour qui sera un inappréciable élément de respect, de justice et d'impar-
tialité dans mes études sur l'Italie.

Les environs du monastère, parsemés de rochers, de bois de chênes, sont enchanteurs. Ce
n'est pas la poésie alpestre de la Chartreuse,
mais une poésie merveilleusement en harmonie
avec les souvenirs historiques et les lignes pures
des horizons italiens. Trois cents religieux, no-
vices ou élèves de tout âge habitent le Mont-
Cassin, académie monastique placée sur les

confins du monde et du désert. Le prince de Belmonte est un de ses élèves. Quelles douces heures j'ai passées dans les bois, couché dans les longues herbes, au soleil, pendant que les sons harmonieux d'un piano descendaient jusqu'à moi, du monastère. Ce trait n'est-il pas à lui seul, toute une révélation ?

Les impressions et les particularités de ma visite au Mont-Cassin exigeraient ici un trop long récit. Tu les retrouveras plus tard. Je me bornerai donc à te dire que parti du monastère le samedi au matin, 26 décembre, je franchissais rapidement San-Germano et la frontière de Naples, et qu'à l'aide de voitures particulières, à défaut des diligences qui n'existent plus sur cette route, voyageant jour et nuit, j'atteignais Rome dimanche avant midi. Avec quel bonheur n'ai-je pas salué de loin la campagne romaine, que je préfère mille fois, avec ses poétiques débris et son éloquente tristesse aux beautés toutes païennes du golfe de Naples. Avec quel sentiment de joie, j'ai reçu des mains de M. Jackson ta lettre du 15, déjà si ancienne, hélas ! quoique toujours douce et nouvelle, en attendant .celle que je trouverai sans doute à Sienne, dans quelques jours.

Mardi, 29 décembre.

Je me décide à rester ici le 1ᵉʳ janvier pour ne pas le passer sur les grands chemins, ou ne pas m'exposer à trouver de nouveau la Bibliothèque de Sienne fermée à cause des fêtes du 1ᵉʳ de l'an. A défaut de la famille, je trouve à Rome, de bons amis, Mᵐᵉ King, Mˡˡᵉ Frédérika Bremer et sa charmante compagne, M. Jackson qui, m'ayant vainement attendu à Noël, veut m'offrir un dîner d'adieu à sa vigne. C'est accepté pour le 1ᵉʳ janvier ; je partirai le lendemain par le bateau de Civita Vecchia à Livourne, serai à Sienne le dimanche au soir, consacrerai deux ou trois jours à mes recherches ou au pèlerinage de Colle, et repartirai le jeudi 7 janvier pour Marseille. Ah ! qu'il me sera doux de revoir mon cher père et de me sentir plus près de toi et des tiens, en attendant le jour prochain de la réunion.

Amitiés à tous et pour toi les plus tendres adieux.

XC

Nimes, 11 janvier 1858.

C'est avec une vive satisfaction que je trace ces premiers mots écrits sur la terre natale, quoique Nimes ne soit pas encore la réunion

rêvée, en l'absence de mon frère et loin de toi !
Mais ton aimable lettre me donne l'assurance de
notre prochain revoir, et Lyon me paraît le
rendez-vous le plus commode. Nous pourrions
nous y trouver, l'un et l'autre, le 29 au soir, pour
en repartir le lendemain matin et arriver le
même jour à Genève. En attendant, je me repose,
et j'en avais besoin. J'ai été heureux de me retrouver près de mon père dont une séparation de
dix-huit mois me fait mieux sentir encore la
précieuse affection. Je n'ai pu cependant être
exact au rendez-vous fixé pour le neuf, car retenu
trente heures, par une effroyable tempête, dans
le port de Gênes, néfaste pour moi, je n'ai pu
arriver à Marseille que hier matin, et à Nimes
dans la journée.

Les deux jours que j'ai passés à Sienne ont été
très utilement employés, et ont complété à merveille la collection de notes ou de documents que
j'ai recueillis partout en Italie. Le temps m'a
manqué pour visiter Colle (¹), mais un artiste
distingué, ami de M. Ceramelli, m'a montré, à
Sienne, un dessin très exact de cette petite ville
et de la maison de Paleario, dont j'ai pu de loin
saluer l'horizon, et cela suffit amplement à mon
dessein.

(¹) Voir pour la visite à Colle, la lettre datée de Florence,
19 septembre 1861.

J'ai revu le cardinal Antonelli qui m'a reçu de la manière la plus gracieuse, et témoigné qu'il serait heureux de pouvoir m'être utile de loin comme de près !..... J'ai été aussi présenté, à Rome, à la Grande duchesse Hélène de Russie [1] qui m'avait fait demander à plusieurs reprises, durant mon séjour à Naples, et qui m'a témoigné de la manière la plus aimable son regret de me voir quitter l'Italie. Notre entretien a duré près de deux heures.

Pardonne, si je ne t'écris pas plus au long aujourd'hui, et reçois mes plus tendres amitiés, pour toi et pour les tiens.

XCI

A Monsieur Pierre Bonnet

Genève, 6 février 1858.

Cher père,

Cette semaine ne doit pas s'achever sans t'apporter quelques nouvelles que tu désires sans doute impatiemment, depuis qu'à nos pro-

[1] La Grande duchesse Hélène, veuve du Grand duc Michel Pawlowitch, avait eu l'intention de séjourner à Genève, au moment où l'on annonçait le cours de J. Bonnet, sur la Réforme en Italie. Elle avait fait exprimer, à l'historien, le désir d'entendre répéter quelques chapitres de ce cours, dans son salon. Sa santé l'obligeant à quitter Genève, c'est à Rome que M. Bonnet eut le privilège de lui être présenté.

menades et aux entretiens du coin du feu, ont succédé pour nous, les correspondances et les lettres, toujours trop rares, qui sont maintenant la seule consolation de ta solitude.

Je suis heureusement arrivé à Lyon, où le soir même, j'ai eu la douceur de recevoir ma chère Octavie, et le lendemain, par un temps très beau, quoiqu'un peu froid, nous arrivions à Genève. Dès le second jour de notre arrivée, grâce à nos amis, nous trouvions une excellente pension, sur le quai, dans le plus beau quartier de la ville, et c'est de notre chambre, exposée du matin au soir, aux chauds rayons du soleil, que je t'écris ces mots à la hâte.

J'ai trouvé, ici, tout préparé favorablement pour mon cours qui s'ouvre définitivement vendredi 12 février, dans la grande salle du Casino. J'ignore encore quel sera le nombre de mes auditeurs, parce qu'on ne peut le savoir qu'au dernier moment; mais j'espère que tout ira bien, malgré la fâcheuse concurrence de la grippe à Genève.

Je songe souvent à toi, avec bonheur, avec regrets ; mais tout passe vite en ce monde, peines et plaisirs, et l'on ne se retrouve, un instant, que pour se séparer trop tôt.

Reçois nos filiales salutations, bien cher père.

XCII

Genève, le 6 avril 1858.

J'espère que tu as reçu la lettre et la montre
que je t'ai envoyées, il y a une quinzaine de
jours, par mon ami Serre, et que tu es satisfait
de l'une et de l'autre. Depuis cette époque, mon
cours s'est heureusement terminé et j'ai reçu, en
témoignage de satisfaction, de mes auditeurs,
une magnifique médaille représentant Calvin,
avec la gravure des derniers adieux du réformateur. Un superbe bouquet destiné à Mme Bonnet, et
qui a fait, durant huit jours, l'ornement de notre
chambre, accompagnait ces divers objets, que
nous conserverons précieusement comme un
souvenir de nos amis de Genève qui nous ont
gâtés de toutes les manières : invitations à dîner
et soirées charmantes ; concert de charité auquel
Octavie a pris part, etc., etc.

Dès que la clôture de mon cours m'a rendu
quelque liberté, j'ai fait un petit voyage à Clarens et revu des lieux, des amis qui me sont si
chers. Décidément, il faut du courage pour se
détacher de tout cela et reprendre, en ce moment, la route de Paris, où, au lieu des torrents
et du lac d'azur, il faudra se contenter des ruis-
seaux et des cascatelles du Bois de Boulogne.

Octavie dit que nos sentiers n'y seront pas aussi jonchés de fleurs qu'ici, où l'on nous en a beaucoup offert.

Quoi qu'il en soit, mon cher père, nous n'en resterons pas moins là, comme ailleurs, comme partout, tes enfants très affectionnés.

XCIII

A Madame Jules Bonnet

Milan, 31 août 1861.

C'est d'une main tremblante de chaleur et de fièvre que je t'écris. Arrivé à Milan depuis quelques heures, j'ai couru à la poste, dévoré ta lettre, et j'essaie de satisfaire, à mon tour, ta juste impatience en te retraçant les aventures de ma vie voyageuse, depuis que j'ai dit adieu à nos amis de Bâle.

J'ai revu Lucerne, toujours charmante avec sa ceinture de tours, et son cloître qui fait rêver, et le lendemain en montant sur le bateau, je me suis trouvé, face à face, avec le comte Guicciardini, fuyant de Genève, et se disposant à passer le Saint-Gothard. Tu juges de ma joie, et combien cette rencontre inespérée a répandu de charme sur mon voyage. Quoique trop darbiste à mon gré, le comte Guicciardini est une belle âme, et une des plus nobles personnifications de cette Italie dont j'écris l'histoire. Que de doux entretiens ont égayé, pour nous, l'âpre vallée de la Reuss, les sites terribles du Pont-du-Diable, les approches du lac Majeur où nous devions nous séparer pour nous retrouver à Milan, et peut-être à Florence.

Le lac Majeur que j'ai visité hier ne peut se comparer à rien pour la beauté de ses rives, l'éclat des couleurs et cette couronne étincelante des Alpes qui le domine à l'horizon. J'ai fait une halte de quelques heures à l'Isola Bella, véritables jardins d'Armide suspendus sur l'azur des eaux, et dont les terrasses couvertes d'une végétation tropicale font rêver des jardins d'Alep ou de Damas. Il n'y manque que les cascatelles murmurantes qui charmaient Horace à Tivoli, et je me suis consolé de ne pas les y trouver, en prenant à l'ombre d'un bateau pêcheur, un bain du lac, qui avait pour moi l'attrait du fruit défendu.

Me voici à Milan depuis ce matin, et la ville en fête, les rues pavoisées de drapeaux, les visages épanouis, tout dit ici l'émancipation de l'Italie, que j'avais contemplée deux fois, morne et triste, sous le bâton de l'Autriche. Je respire comme elle, en dépit de la chaleur, et je vais reprendre le chemin de la basilique de Saint-Ambroise, de la Bibliothèque qui porte son nom, en suivant l'ombre bienfaisante du Dôme et des portiques. Les glaces sont pour rien ici, et c'est un remède exquis contre la chaleur. Hier au soir, dans un café d'Arona, j'en savourais une délicieuse, tandis que d'excellents chanteurs entonnaient l'hymne de Garibaldi, mêlé à des strophes improvisées de leur façon et peu respectueuses pour

> « Pio Nono che non risponde
> Antonelli, che Dio confonde ! »

Tu vois que c'est bien une autre Italie que je retrouve ici, et qui valait la peine d'être étudiée. Le « Nuovo Testamento, l'Amico della casa » de M. Tronchin, se vendent à deux pas d'ici sur la place du Dôme. Espérons que Paleario aura aussi son tour !

Je compte aller visiter demain le lac de Côme et je te regretterai là, comme à Beckenried et à la chapelle de Guillaume Tell, comme au lac Majeur. Nous admirons si bien à deux !

Adieu, l'heure du courrier me presse et je n'ai que le temps de te charger de toutes mes amitiés pour la confrérie du *Nain jaune* et du *Jeu de boules*.

XCIV

Modène, 6 septembre 1861.

Tu m'as déjà suivi, peut-être même devancé en esprit, à Modène, où je ne suis arrivé que mardi soir, le plaisir de me retrouver avec le comte Guicciardini m'ayant retenu un jour de plus à Milan.

Mon voyage ne s'est pas effectué sans quelques difficultés, à cause de l'absence de chemin de fer autour de Pavie. Il m'a fallu franchir le Pô sur une assez mauvaise barque, par une chaleur caniculaire, et attendre longtemps au milieu des sables, aussi brûlants que ceux du désert, l'omnibus qui devait me conduire à Stradella, une des stations de la ligne d'Alexandrie à Bologne. Mais j'ai fait preuve de philosophie, et la perspective de mon arrivée à Modène, de mon heureuse installation au milieu de ces belles Archives si longtemps fermées me consolait de mes ennuis. Modène est toujours d'ailleurs la ville monotone et triste d'autrefois; c'est un tombeau, sans ce reflet de poésie historique qui colore les palais en ruines, et les rues solitaires de Ferrare. Le marquis Campori, instruit par un billet de ma prochaine arrivée, était accouru à la ville, et nous nous sommes revus, embrassés avec une affection presque fraternelle. Ensemble, nous nous som-

mes rendus aux Archives, dans le palais désert
où l'escalier ne retentissait plus que du bruit de
nos pas, où nul Cerbère jaloux ne veille plus sur
le seuil des portes pour en écarter impitoyablement les savants étrangers. Te dire la richesse
des collections qui y sont conservées me serait
impossible. J'ai déjà compté plus de cinq cents
lettres de Renée ou de sa famille, et si je n'avais
pour me guider à travers tant de trésors, les indications très précises du marquis Campori, qui
m'avait préparé d'avance une sorte de catalogue
de tant de richesses, je serais comme perdu dans
un labyrinthe dont les plus illustres savants Mo-
denais, Muratori, Tiraboschi, n'ont pas même
essayé d'explorer les détours. Tout, du reste,
dans ces précieux documents n'a pas une valeur
historique, mais il y a des lettres admirables,
il y en a de charmantes, où les détails les plus
familiers se mêlent heureusement, sous la plume
de Renée, aux pensées les plus nobles et les plus
généreuses.

Je ne te parle pas des liasses de lettres d'Hercule d'Este et des membres de sa famille ; c'est
tout un monde nouveau pour moi, qui croyais
tout savoir ; c'est une révélation pour l'histoire [1].

(1) Dans un dernier voyage, à Modène, M. Bonnet faisait
encore de nouvelles découvertes historiques. Il en parle, en ces
termes, dans une lettre du 3 octobre 1874 : « Les fameuses Archives d'Este que je croyais connaître à fond ont été classées

Grâce aux travaux préparatoires de mon aimable ami le marquis Campori, je pourrai assez promptement recueillir ces précieux documents. Il n'y aura pas, du moins, de temps perdu, et à six heures de séance par jour, malgré la chaleur, on peut accumuler bien des trésors dans son portefeuille. C'est ce que je fais, sans pouvoir fixer encore d'époque probable pour mon départ. Ecris-moi donc à Modène, où j'ai déjà reçu ta seconde lettre qui m'a fait bien plaisir.

XCV

Modène, 11 septembre 1861.

Je suis charmé de te savoir à Beuzeval. Combien tu vas jouir de la société de nos amis que je t'envie un peu, et d'une nature charmante, et des brises rafraîchissantes des bords de la mer! Quant à moi, je passe toujours mes journées aux Archives, et je continue à marcher de découvertes en découvertes. Après les lettres de Renée, j'ai trouvé six lettres superbes de Mar-

pour la première fois et le directeur actuel a découvert des correspondances diplomatiques, du plus haut intérêt, des ministres Ferrarais, à Rome et à Paris, contenant de précieuses indications sur Renée et particulièrement sur les persécutions domestiques qu'elle eut à subir à plusieurs époques. — Je reviens chargé de trésors; mais ils m'obligeront. hélas! à refaire plus d'un chapitre de Renée. »

guerite de Navarre, sœur de François Ier, à mon héroïne, à celle dont elle savait les épreuves et partageait de loin les douleurs :

> Ah ! Marguerite escoute la souffrance
> Du noble cœur de Renée de France,
> Puis comme sœur plus fort que d'espérance
> Console-là !

Tu te figures ma joie, mon ravissement et l'aimable marquis Campori s'associant à toutes mes impressions. Il me quitte aujourd'hui, en qualité de commissaire à l'Exposition de Florence, où je le rejoindrai bientôt. Ce sera un magnifique spectacle de tout ce que l'Italie produit de plus intéressant dans l'industrie, l'agriculture et les arts, et la patrie de Dante sera le digne sanctuaire où sera consacrée l'unité de la jeune Italie, à laquelle il ne manque plus que son Capitole.

Mon retour à Paris ne s'effectuera pas, sans doute, avant la fin de septembre, la Toscane réclamant à son tour des études et des excursions nécessaires à Paleario. Je ne veux pas négliger ce travail même pour Renée. Ce doit être ma première offrande à l'Italie, libre et renouvelée.

XCVI

Florence, 14 septembre 1861.

C'est de Florence, cette fois, de la ville des fleurs et des grands souvenirs, que je t'écris, au milieu des préparatifs de la solennelle entrée de Victor-Emmanuel, qui doit arriver ce soir pour inaugurer l'Exposition italienne. La ville est toute pavoisée de drapeaux; des arcs de triomphe s'élèvent sur les points où le cortège doit défiler, et la place des vieux palais, ornée des chefs-d'œuvre de Michel-Ange et de Brunelleschi, dédaigne seule ces oripeaux d'un jour, que doit rehausser le soir, un magnifique feu d'artifice sur l'Arno. Je serai témoin de cette fête nationale, à laquelle assisteront des députations de toute l'Italie, et tu sais avec quelle émotion sympathique je prends part à cette renaissance d'un peuple auquel j'ai voué mes meilleures études.

Florence est la ville poétique par excellence, et c'est un enchantement de se promener au milieu de ses rues, de ses palais, de ses places qu'anime une foule joyeuse, mais non vulgaire, qui semble se souvenir de son glorieux passé, et dont la langue musicale raisonne agréablement à mes oreilles, comme un de ces airs d'enfance que l'on n'a jamais oublié.

J'ai quitté Modène jeudi, pour me rendre
par Bologne et Imola jusqu'à Faenza, patrie
de Fannio, incertain encore si je me dirigerais
sur Florence ou sur Ravenne. Mais la ville
des vivants l'a emporté sur celle des morts, et me
voilà délicieusement installé dans un vieux palais où se louent des chambres pour les étrangers.
Trouver un gîte à Florence, au milieu de la foule
qui afflue de toutes parts, n'était pas chose facile,
et j'y ai réussi beaucoup mieux que je ne l'espérais. Mon ami Campori, qui m'avait précédé et
dont tout à l'heure je recevais la visite, envie mon
logement qui me coûte beaucoup moins que le
sien, et qui m'offre une charmante perspective
sur le Dôme et le Baptistère. Il est fort occupé
des préparatifs de l'Exposition que l'on a le tort
d'ouvrir trop tôt, et après avoir passé la matinée
au milieu des caisses et des ballots, il se réjouit
de la soirée que nous devons passer ensemble,
au milieu des souvenirs historiques qui nous intéressent également. C'est un bien précieux ami
pour moi, et de plus un très noble esprit, sympathique à tout ce qui est grand. Bien m'a pris de
ne pas m'oublier à Arlesheim, car si j'étais arrivé
deux ou trois jours plus tard à Modène, je ne l'y
trouvais plus, et presque tout mon voyage était
manqué, tandis que mes recherches, grâce à
lui, ont été très promptes et couronnées de succès.

Je médite pour demain et après-demain une excursion toute *Palearienne*, dans les montagnes de Colle et de San-Geminiano. Le temps, un moment incertain, est redevenu merveilleusement beau. Je ne veux pas le laisser échapper, et c'est en m'aidant du chemin de fer, la canne du voyageur à la main, que j'accomplirai le pèlerinage historique depuis si longtemps projeté. Je reviendrai ensuite à Florence, où les Archives Médicis auront peut-être quelques trésors à me livrer, et où je laisse, en tous cas, mes bagages, trop heureux de retrouver l'hospitalité de la Casa Mardini, dont je compte jouir encore quelques jours, avant de songer au départ, je ne sais encore par quel chemin.

Sept heures du soir.

Je reviens de la fête. Elle a été simple et grande par sa simplicité même. Le roi, sans appareil militaire, a traversé la ville en voiture, ayant à ses côtés le baron Ricasoli, le héros de la révolution de Florence, acclamés tous deux par une population enivrée qui saluait en eux la personnification de deux choses magiques : l'indépendance et la liberté !

Maintenant le canon retentit, les illuminations se préparent, et j'achève à la hâte ma lettre pour qu'elle t'arrive sans retard. Ecris-moi encore à Florence.

Donne-moi beaucoup de détails sur ton séjour à Beuzeval, et dis aux bons amis qui t'entourent les plus aimables choses en mon nom.

XCVII

Florence 19 septembre 1861.

Je suppose, tout en le regrettant un peu pour
toi, que tu auras quitté Beuzeval quand ces lignes te parviendront, et je ne veux pas tarder à te
remercier de ton aimable message des bords de
la mer. Je l'ai reçu au retour de mon excursion
dans les environs de Sienne, une des plus intéressantes de toutes celles que j'ai pu faire comme
touriste et comme historien. Je recherchais, tu le
sais, les traces de Paleario et je voulais relire sur
les lieux mêmes quelques-unes de ses lettres
pleines de particularités obscures ou inexplica-
bles pour moi. L'étude des lieux a, comme je le
pressentais, répandu sur sa correspondance les
plus vives lumières. J'ai retrouvé, à quelques
milles de Colle, la véritable demeure du poète,
avec sa fontaine au levant, où se trouvait l'inscription maintenant placée dans le jardin du palais Guicciardini : *Aonie Aganippe*. J'ai foulé,
non sans émotion, le sol de Ceciniano, cette
retraite chérie du poète et du martyr. Le bon fer-

mier qui m'accompagnait dans ma promenade ne
comprenait rien à mon enthousiasme, et tout en
me voyant cueillir des fleurs auprès de la source
encore jaillissante, mais dépouillée de ses chênes
antiques, il avait peine à se persuader que je
n'étais pas un acquéreur déguisé en touriste
étranger. C'est encore, tu le vois, l'histoire de la
villa Julia, et me voilà possesseur de deux ou
trois beaux domaines italiens ou suisses qui valent bien autant de châteaux en Espagne.

Ce pèlerinage historique, dans les montagnes
de Sienne, a été favorisé par un temps superbe,
et j'ai pu faire de délicieuses haltes à l'ombre, sur
les bords de l'Elsa, bordée de saules et de peupliers comme aux jours de Paleario. J'ai visité,
au retour, une admirable ville, peut-être la plus
curieuse en ce genre de toute l'Italie, San-Geminiano, cité du XIme siècle, encore debout avec ses
tours colossales, son vieux donjon transformé en
hôtel de ville, ses portes cyclopéennes et ses
vieilles églises parées d'admirables peintures par
Benozzo Gozzoli, contemporain de Dante. C'était
là l'horizon de Paleario; je ne sortais donc pas,
moi-même, de mon sujet en dirigeant mes pas de
ce côté. J'ai fait ce jour-là quatre à cinq lieues à
pied, et je suis rentré à Florence enchanté de
mon voyage et de mes études topographiques qui
donneront à mon livre un cachet de précision et

d'exactitude complet. Je n'aspire pourtant pas à faire de la photographie en histoire; l'idéal, la poésie sauront aussi trouver leur place dans mon ouvrage. Voir, et puis se souvenir, c'est là tout ce qu'il faut pour être vivant et vrai dans ses récits.

J'ai repris le chemin des Archives de Médicis, où tous les employés luttent d'empressement et d'ardeur à satisfaire mes moindres désirs. Une des Bibliothèques de Florence (on les compte par douzaines) m'a offert un manuscrit très intéressant, un projet d'histoire de Paleario, par un savant, conservateur de la Bibliothèque Laurentienne, Antonio Bardini, qui avait recueilli beaucoup de pièces, quelques-unes inconnues pour moi, et reçu beaucoup de renseignements précieux de Colle et de Veroli. J'en profiterai.

A ces études de chaque jour, se mêlent des visites. Une des plus intéressantes est celle que j'ai faite à la comtesse Marocchi, sœur du comte Guicciardini, avec laquelle j'ai revu le monument de Paleario, dont elle m'a même donné un dessin avec une notice très bien faite par son frère. Le comte Guicciardini est à Gênes. Il me fait prier de différer mon départ pour que nous puissions aller passer quelques jours ensemble dans son beau domaine de Coutousa, patrimoine héréditaire de l'aîné de la famille, mais je ne

puis me rendre à cette invitation, si aimable
qu'elle soit, mon départ de Florence étant fixé
aux premiers jours de la semaine prochaine. Je
compte aller à Pise voir le bon M. Ceramelli,
puis à Gênes, en suivant le littoral, et de Gênes
à Paris directement par le chemin de fer. Tu
vois d'après ces indications que si tu ne veux
pas me laisser *languir* trop longtemps, tu peux
m'écrire une dernière fois à Gênes.

Voilà bien des détails qui satisferont, je l'espère, vos ardentes curiosités à mon égard. Il me
semble que vous pouvez compter tous mes pas,
et ce n'est pas ma faute si vous ne pouvez me
suivre, pour ainsi dire, d'heure en heure dans
mes pérégrinations au delà des Alpes.

Mes meilleures amitiés à tous.

P.-S. — Je n'ai pas encore trouvé le temps de
visiter l'Exposition. Le marquis Campori, un des
commissaires, m'en fera les honneurs samedi.

XCVIII

La Spezia, 25 septembre 1861.

J'arrive à la Spezia, nid charmant de verdure
et de soleil qu'encadrent délicieusement l'Apennin et la mer, et qui ne saurait cependant me retenir plus d'un jour. Je reprendrai demain mon

odyssée, en suivant jusqu'à Gênes les brillantes sinuosités de ce golfe, une des merveilles de l'Italie, et j'espère pouvoir quitter Gênes vendredi, pour arriver dimanche à Paris, dans la matinée.

J'ai passé, hier, quelques heures très agréables à Pise, auprès de M. Ceramelli, toujours bon, toujours jeune de cœur et plein de souvenirs aimables du passé. Tu devines la place que Mlle Octavie et la Signora Colombari ont occupée dans nos entretiens; mais je réserve tous ces détails, et je finis ce grimoire par un « au revoir ».

Le temps est si beau, la mer si bleue que je ne résiste pas à la tentation d'un bain de mer.

XCXIX

A Madame Jules Bonnet, à Neuilly

Bayonne (¹), Mars, jeudi, 7 h. du matin, 1863.

La première partie de mon voyage s'est heureusement accomplie. J'ai salué Bordeaux sans y entrer, traversé rapidement les Landes de Gascogne, interminable désert qui doit ressembler quelque peu aux steppes de la Tartarie, et ce n'est pas sans une vive satisfaction que j'ai vu apparaître à l'horizon la ligne des Pyrénées, moins majestueuse pourtant que celle des Alpes.

Bayonne est une jolie ville, reluisante et proprette, avec de belles promenades sur l'Adour et la mer, qu'on ne voit pas, mais où l'on peut aller en moins d'une heure, grâce aux omnibus qui parcourent incessamment la route de Biarritz. J'ai fait cette promenade avec un vif plaisir, et je me

---

(¹) Les lettres qui suivent ont été écrites d'Espagne, à l'époque où *Matamoros*, *Alhama* et *Trigo* venaient d'être condamnés aux galères pour délits religieux. M. Bonnet avait été chargé de présenter à la reine Isabelle une pétition signée par plus de 20,000 dames françaises, pour demander la grâce de Matamoros et de ses amis. Il a publié une relation complète de sa mission en Espagne, à l'appendice de ses *Nouveaux Récits du seizième siècle*.

suis promené sur la plage, à l'heure de la marée, qui empruntait au soleil couchant une singulière splendeur. Biarritz n'est qu'une fantaisie impériale; la Villa Eugénie n'a pas un arbre qui puisse lui donner un peu d'ombre en été. En revanche, la plage est belle, semée de pittoresques rochers et couronnée de superbes hôtels où je n'ai pu me procurer le plus modeste dîner. J'ai donc soupé, au retour, à l'hôtel du Commerce de Bayonne, d'où je t'écris ces lignes.

J'ai déjà pris quelques informations. Elles ne sont pas très favorables. Il y a un train unique de chemin de fer entre Bayonne, ou plutôt Vitoria et Madrid et c'est un train omnibus en hiver, à cause du petit nombre de voyageurs. Les diligences partent d'ici à trois heures de l'après-midi, et j'ai la perspective de passer une première nuit en voiture, une seconde en chemin de fer avant d'atteindre la capitale de l'Espagne. A ce compte, je ne serai pas à Madrid avant samedi. J'espère ne pas y attendre trop longtemps une lettre de toi.

Ma première nuit en chemin de fer a été excellente ; c'est peut-être de bonne augure pour les autres. Et puis tu avais adouci la tristesse du départ en m'accompagnant jusqu'à la gare d'Orléans. Ta présence a été un cordial pour moi. J'en avais besoin. J'espère que tu es

heureusement retournée à Neuilly, avec la **chère**
petite Mimi, que tout va bien et que ceux qui
t'entourent redoublent d'amabilité.

Je vous envoie, à toi et à Mimi, de tendres
baisers.

C

Madrid, 28 mars 1863.

Me voici arrivé à Madrid depuis quelques heures, mais non sans peine, et si j'avais connu les
difficultés du voyage, j'aurais probablement hé-
sité, sinon renoncé à l'accomplir. Qu'il me suffise
de te dire que de Bayonne ici, et malgré les chemins de fer, j'ai passé deux nuits, et quelles
nuits! dans les plus méchantes voitures du
monde, avec un froid intense aux pieds et l'impossibilité de goûter un moment de repos. J'ai
éprouvé enfin un tel excès de fatigue que j'en ai
une éruption sur le front et que de deux jours je
ne puis songer à me présenter nulle part.

Une indication charitable m'a fait, du moins,
trouver un excellent hôtel, celui d'Angleterre,
où j'ai pris un bain en arrivant et où j'occupe, en
attendant mieux, une chambre confortable, toute
tendue de tentures rouges et tapissée de chauds
tapis, mais sans soleil. Mes premiers moments
sont consacrés à t'écrire, et c'est une consolation

pour moi de le faire, après les mécomptes accumulés de ce voyage.

Le pays que l'on traverse depuis la frontière jusqu'à Madrid n'est qu'un désert, des plateaux désolés, d'interminables plaines, sans un seul arbre à l'horizon, de loin en loin une station pour une ville qu'on n'aperçoit pas, ou quelque bourgade sans nom; Vitoria, Burgos, Valladolid font exception sur une ligne de près de cent lieues, où rien ne repose la vue. Le froid était intense cette dernière nuit, et l'impossibilité de me mouvoir dans le coin étroit de coupé où j'étais confiné, la tête en feu, les pieds de marbre, me l'a rendue d'une mortelle longueur. Enfin, c'est une épreuve terminée et je n'ai plus qu'à savourer les douceurs du confort, du far-niente et à méditer par quelle voie je sortirai, le plus aisément, de l'effroyable pays où je suis entré. N'admires-tu pas l'impudence avec laquelle mentent les faiseurs de livrets de chemins de fer! à les entendre on peut aller de Paris à Madrid en quarante-huit heures, et j'ai mis presque ce temps-là de Bayonne à Madrid, avec deux horribles nuits de voiture qui ont ressuscité pour moi le cauchemar des voyages d'il y a vingt ans.

De Madrid je ne te dirai rien, l'ayant traversé trop rapidement pour me rendre à l'hôtel et à travers des flots de poussière que le vent soulève perpétuellement dans ce pays. En approchant de l'Escurial, situé au pied de la Guadarrama toute couverte de neige, je me suis cru au St-Gothard, et je n'avais pas les perspectives des lacs de Côme et des brillantes cités qui s'appellent Milan, Venise, Florence, pour effacer cette triste impression. Rien ne peut te donner une idée de l'aridité des environs de Madrid, et nos garrigues de Nimes, elles-mêmes, te paraîtraient une oasis à côté.

Heureusement que je ne suis pas venu ici en touriste, mais avec un but sérieux que je ne perds pas de vue, et s'il plaît à Dieu, je ne négligerai aucune démarche pour l'atteindre et justifier ainsi la confiance qui m'est témoignée. Je vais m'annoncer par quelques billets, en attendant de paraître en personne, et faire une première tournée dans Madrid. Malgré mes ennuis, je suis gai, content; je pense beaucoup à toi, et j'apprécie mieux de loin, les douceurs du nid charmant que tu m'as fait.

CI

Madrid, 30 mars 1863.

Je ne veux pas te laisser trop longtemps sous l'impression de ma première lettre de Madrid. Avec mes fatigues, mes tristesses sont d'ailleurs dissipées, et tout semble annoncer que je n'aurai pas fait inutilement ce voyage.

Un auguste personnage, que tu devines sans peine, instruit de ma présence, m'a fait appeler, m'a reçu de la manière la plus amicale et m'a donné l'espoir d'une heureuse solution de l'importante affaire qui m'est confiée. Je ne t'en dis pas plus long aujourd'hui; ce ne sont encore que des préludes.

J'ai passé la journée d'hier à l'Escurial. Un train de plaisir m'y a conduit à travers les mornes solitudes qui entourent Madrid, car le désert est partout en Espagne, et c'est un commentaire bien éloquent de son histoire. L'Escurial est moins un palais qu'un monastère, où l'on rencontre à chaque pas la sombre figure de Philippe II. J'ai visité, sans émotion, le tombeau de ce prince, qui fut le malfaisant génie de tout un siècle, et dont la funeste influence s'exerce encore aujourd'hui sur l'Espagne. Le tombeau de Charles Quint fait naître de plus religieuses pensées, et malgré ses fautes, on ne peut méconnaître sa grandeur. On se souvient de Saint-Juste, sous les voûtes de l'Escurial, et la pénitence du cénobite désarme les justes sévérités de l'historien qui s'incline devant l'inviolabilité de la mort. Un air froid et sépulcral règne partout dans ces corridors, dans ces chapelles, dans ce Panthéon où reposent tous les rois catholiques. J'ai gravi les pentes désolées du Guadarrama que domine ce triste palais. Quelques flaques de neige en ta-chaient les cimes; un ruisseau coulant à travers les rochers nus m'invitait au repos, à la rêverie; je me suis assis au soleil et me suis livré, sans témoin, à une de ces méditations que suscite le spectacle des monuments consacrés par de grands souvenirs. J'étais de retour à Madrid avant le soir. C'est une capitale peu digne d'un grand pays; les promenades en sont médiocres et les horizons d'une indicible tristesse. Il y a pourtant des rues, des places très animées, et les distrac-tions inséparables de toute capitale s'offrent en foule à qui ne veut pas s'ensevelir dans un *volontaire spleen*. J'ai eu la main heureuse dans le choix de mon hôtel; la nourriture y est excellente, la société distinguée. M. Edwards, secré-taire de l'ambassade anglaise, demeure ici, avec bon nombre de jeunes attachés à la légation française. Le précieux *Album*, que tu sais, m'a-vait heureusement précédé et il n'a pas changé de toit en passant des mains de M. Edwards dans les miennes.

J'ai reçu ta lettre, elle m'a fait grand bien et je t'en remercie. Je vois que petite Mimi est pour toi une douce compagne; je l'en aimerai mieux encore, et lui donne dès à présent un bon baiser.

CII

Madrid, 3 avril 1863.

Je voulais t'écrire hier, afin que ma lettre te
parvînt dimanche, c'est-à-dire un jour de réunion
de famille à Courbevoie. Mais je ne l'aurais pu
qu'en sacrifiant quelques visites utiles, surtout
en laissant échapper une occasion unique d'assister à une des cérémonies les plus intéressantes de l'Espagne.

C'était le jeudi saint, et il est d'usage ce jour-là
que la reine, en grande pompe, dans une des
salles du palais, lave les pieds à douze pauvres
désignés par le sort, et les serve à table de ses
mains. Muni d'un billet de faveur, je me suis
rendu au palais en compagnie de ce que Madrid
a de plus illustre et de plus charmant, et j'ai vu
bientôt arriver la reine Isabelle suivie d'un
splendide cortège ; prélats, ministres, ambassadeurs, témoins ou acteurs dans la cérémonie.
L'idée en est belle et touchante, et conforme à
l'esprit du christianisme apostolique ; c'est dom-
mage que dans l'exécution on n'assiste qu'à une
scène de parade, à une comédie de charité jouée,
le sourire sur les lèvres, par d'augustes acteurs.
Chacun des pauvres choisis, a droit à quarante
plats, ni plus ni moins, que la reine sert devant

eux et qui sont enlevés aussitôt par des entrepreneurs, à la charge de fournir deux ysabels (50 fr. environ) à chacun des assistés.

Il y avait là des vieillards, des aveugles, et c'était touchant de les voir s'avancer, appuyés sur le bras d'un grand d'Espagne décoré de la toison d'or ou du cordon bleu.

La cérémonie s'achève par une procession où la reine, suivie de ses dames d'honneur, parcourt à pied les principales rues de Madrid et visite les églises. C'est avec grâce qu'elle s'est acquittée des devoirs de cette laborieuse journée. J'ai revu là M. de Latour, qui avait la bonté de me désigner les personnages les plus illustres du cortège. J'ai revu aussi le prince (¹) toujours fort gracieux, ainsi que l'Infante Louisa Fernanda, entourée de ses filles, très belles.

Les fêtes ne me font pas perdre de vue les choses sérieuses, et j'ai obtenu l'assurance que la pétition dont je suis porteur serait présentée à la reine par l'Infante elle-même, sœur d'Isabelle. Le duc m'a fait dire qu'il se tenait à ma disposition aussitôt après les fêtes de Pâques. Je dois lui montrer préalablement l'*Album* (²) dont il a fort approuvé l'idée, et ce ne sera peut-être pas la

---

(¹) Duc de Montpensier.

(²) La pétition des dames de France était richement reliée sous forme d'album.

première fois que la forme assurera le succès
du fond.

Dans un des intermèdes de la cérémonie, M. de
La tour m'ayant invité à aller me reposer chez
lui, j'ai rencontré là deux jeunes princes français, les comtes d'Eu et d'Alençon, fils du duc de
Nemours, officiers au service de l'Espagne.
M. Odilon Barrot était aussi présent à la cérémonie et peut-être aurai-je l'occasion de le voir à
l'ambassade un de ces jours.

Quelques lignes de Sigismond, m'exprimant
ses regrets, presque ses remords, sont venues
seules faire diversion aux ennuis inséparables
d'un séjour à Madrid. Le Prado n'est qu'une mé-
diocre imitation des Champs Elysées, la Puerta
del Sol une place quelconque où flanent le soir,
affublés de leurs grands manteaux, les bourgeois
de la ville. Le musée m'offre de plus rares jouissances, et je ne me lasse pas de visiter ses merveilleuses toiles de Velasquez et de Murillo, qui
font un digne pendant aux chefs-d'œuvre de
l'Italie.

Je compte aller passer deux jours à Tolède et
revenir à Madrid après Pâques. Le moment d'agir
sera venu, et toutes mes mesures sont prises. Si
je réussis, — et en tous cas, il suffit que ma pétition soit parvenue à son adresse, quel que soit
son sort, — je partirai immédiatement après pour

l'Andalousie. En attendant, je suis toujours enchanté de mon hôtel et me trouve très bien, sous tous les rapports, dans ce palais des anciens grands inquisiteurs d'Espagne. Leur ombre ne frémit-elle pas au contact d'un hérétique ?

Si elle allait me souffler ma pétition !...

CIII

Madrid, 9 avril 1863.

Je reçois à l'instant ta lettre et j'y réponds sans retard par ces mots qui seront, sans doute, mon avant dernier message de Madrid. Je touche au moment décisif ! J'ai porté hier la pétition au palais. J'ai vu ce matin le prince qui m'a très amicalement reçu, mais qui n'est pas sans quelques appréhensions sur le succès de la démarche qu'il va faire auprès de la reine. Au moment où j'entrais, M. Odilon Barrot sortait de chez le duc et lui avait très vivement recommandé la pétition. Mais il n'est, en vérité, pas besoin de stimuler son zèle, tant il est vif et sincère (¹). Seu-

(¹) Dans une lettre adressée au duc d'Aumale après la mort de son frère, M. Bonnet parlait en ces termes du duc de Montpensier : « Je n'oublierai jamais avec quelle bonté il m'accueillit en 1863, lorsque j'allai solliciter la grâce des protestants de Grenade, condamnés aux galères pour le seul crime de leur religion. Le généreux appui que monseigneur le duc de Montpensier voulut bien me prêter dans cette circonstance et le bel hommage qu'il rendit aux principes de tolérance, alors si méconnus, ne s'effaceront jamais de ma mémoire. »

lement les difficultés sont grandes. Tout se passera dans les conseils les plus secrets de la cour, non entre la reine et ses ministres, mais entre la reine et son confesseur. Que sortira-t-il de ces mystérieuses conférences? Dieu seul le sait, et si la grâce est prononcée, le succès viendra de plus haut que de l'auguste intervention à laquelle je dois cependant attacher tant de prix. En tout cas, j'aurai fait mon devoir, et j'ose me rendre ce témoignage que je l'ai fidèlement accompli. Si j'échoue, il n'y a plus rien à espérer de l'homme, et ceux qui viendront après moi n'auront plus, hélas! aucun intérêt terrestre à ménager.

Autant que je puis en juger, je serai libre de quitter Madrid lundi prochain pour me diriger vers l'Andalousie. Je compte aller d'abord à Grenade, pour annoncer une bonne ou une triste nouvelle à Matamoros, et me rendre ensuite à Cordoue, à Séville, d'où je m'embarquerai à Cadix pour Malaga, Valence et Marseille. Je n'attends plus, maintenant, que le message du palais qui m'annoncera la décision de la reine, et cela ne peut tarder bien longtemps. Les ministres sont très bien disposés. Le marquis de Miraflorès a même promis la grâce, autant du moins que cela dépend de lui. Mais la question sera vidée dans l'oratoire de la reine et ses inspirateurs religieux sont plus puissants, dit-on, que ses conseillers politiques. Dieu veuille diriger toutes choses pour le plus grand bien de l'Espagne. J'attends, non sans anxiété, ce qu'Il lui aura plû de décider.

Ainsi que je te l'avais annoncé, j'ai fait, il y a quelques jours, une excursion des plus intéressantes à Tolède. J'ai trouvé là l'Espagne chevaleresque et militaire, l'Espagne du Cid. La cathédrale est une merveille, l'Alcazar de Charles Quint en ruine, m'a rappelé le château de Heidelberg, sous le ciel éclatant de la Castille. Les rives du Tage, près d'Aranjuez, me sont apparues charmantes et dignes des bergers de Galathée. Mais tout cela n'est rien, paraît-il, auprès du Xénil et de la Véga de Grenade. Si seulement je pouvais accomplir ce pèlerinage historique, le cœur de tout point, libre et heureux ! Je n'ose trop l'espérer en ce moment.

J'ai assisté à une course de taureaux, mais on ne m'y reprendra plus. Adieu.

CIV

Madrid, 10 avril 1863, 5 heures du soir.

Je prends la plume pour t'annoncer une bien triste nouvelle. Contrairement à mes espérances, à celles du prince, la grâce est refusée de la manière la plus dure, la plus impitoyable. Ma mission est terminée, je n'ai plus qu'à partir.

Je t'envoie de tristes, mais tendres adieux.

13 avril 1863.

Je ne veux pas quitter Madrid sans t'adresser encore quelques mots. Il me tarde d'être à Cordoue, à Séville, où je trouverai sans doute une lettre de toi. Je n'arriverai à Grenade que vers le 20 ou le 21 avril. Ce sera ma dernière halte en Espagne.

Je viens d'adresser une longue lettre à M. G. Monod, pour le comité. La reine a refusé de lire la pétition. Le prince insistant, elle a parcouru quelques pages avec une extrême agitation : « Tu es dans ton rôle, lui a-t-elle dit, en faisant ce que tu fais ; je suis dans le mien en refusant ; ma conscience de reine catholique m'interdit toute faiblesse. Plutôt me laisser couper la main que de signer la grâce ! »

Tout était réglé d'avance, entre elle et son confesseur, en dehors du conseil des ministres. Le prince a été admirable. Il m'avait dit le matin : « Fais ce que dois, advienne que pourra », et il a tenu parole.

Le dernier mot de cette triste scène a été le bannissement substitué *peut-être* aux galères !

Je n'ai pas le cœur de t'en dire davantage aujourd'hui.

CV

Cordoue, 15 avril 1863.

Après deux tristes billets, tu dois être impatiente de recevoir une vraie lettre de moi, et c'est de Cordoue que je te l'écris. Cordoue ! nom magique qui évoque les plus gracieux souvenirs de la légende et de l'histoire. Je m'y repose comme le naufragé, avec un indicible bonheur, et ce bonheur j'ai achevé de le mériter par trente heures de martyre, avec la poussière et la chaleur, dans ces horribles voitures qui suppléent les chemins de fer en Espagne. J'étais à demi mort de fatigue en arrivant hier au soir. Une nuit de repos, dans un bon hôtel italien, m'a préparé aux jouissances exquises que je viens de savourer dans une promenade de quelques heures à travers la ville. J'errais au hasard dans ces rues étroites où se découpe un ciel bleu, où s'épanouit le balcon en fleurs et où chaque maison, mystérieusement fermée, laisse entrevoir, tout au plus à l'œil de l'étranger, quelque *patio* charmant, cour intérieure dessinée en portique et ornée des fleurs les plus rares. Mes pas m'ont conduit vers la célèbre mosquée, et c'est presque sans le savoir que j'ai franchi l'escalier qui m'a introduit dans le plus merveilleux monument de l'Espagne moresque. Je renonce à le décrire. C'est une forêt de marbre, une profusion de colonnades se déroulant à l'infini dans les plus ravissantes perspectives, un rêve des *Mille et une nuits* incarné dans une basilique chrétienne. Mais ce qui t'aurait ravie comme moi, c'est l'entrée de la cathédrale, c'est-à-dire une cour plantée de magnifiques orangers où les fleurs — toute ma table en est jonchée et je voudrais t'en envoyer les parfums ! — se mêlent aux fruits, avec des cyprès et des palmiers se balançant légèrement au-dessus des eaux jaillissantes dont le bruit doux fait une agréable musique à l'oreille. En dépit de la tour catholique qui s'élève à côté, comme symbole de la conquête chrétienne, on se croirait transporté aux jours des califes, contemporains des Abderraman et des Almansour. La vue de Cordoue m'a prouvé jusqu'à l'évidence, ce que je soupçonnais déjà, c'est que les Arabes furent les véritables civilisateurs de l'Espagne. Qu'a-t-elle gagné à chasser ce peuple industrieux qui avait fertilisé ses campagnes, orné ses villes, créé ses plus célèbres écoles? Elle a obtenu à ce prix son unité religieuse, mais en tombant, pour ne plus se relever, sous la griffe de Philippe II et de l'Inquisition.

Je comptais partir ce soir même pour Séville, où l'on se rend en chemin de fer ; mais je suis tellement enchanté de Cordoue que je ne puis le quitter avant demain. A deux pas de l'hôtel est une admirable maison moresque avec un jardin en terrasse, sur le Guadalquivir, et les plus poétiques allées de rosiers, de jasmins, de lilas en fleurs. Je veux y retourner et m'asseoir discrètement sur un banc, devant un paysage enchanté, qui charme les yeux et dispose à la méditation et à la rêverie. En traversant la cour, pavée de petites pierres, où dormaient deux jolis petits chiens, j'ai cueilli, pour toi, une fleur bleue et je te l'envoie. Puisse-t-elle conserver la magie de ses couleurs jusqu'à Paris! Je n'ose l'espérer. Elle t'en dirait plus que ma lettre.

Malgré, cependant, la douceur que j'éprouve à flaner à Cordoue, il me tarde d'arriver à Séville où m'attend sans doute une lettre de toi. Du 22 au 25, tu peux me placer hardiment à Grenade. Tu t'étonnes peut-être de ne m'y savoir que si tard, mais les voyages sont fort lents ici. Les chemins de fer sont à peine plus expéditifs que les voitures, et c'est un principe invariable de tout entrepreneur de voitures publiques, dans ce pays, de faire en deux ou trois jours, à grands fracas, ce qui se ferait ailleurs du matin au soir.

Je ne reviens pas sur les souvenirs de Madrid. C'est un cauchemar pour moi. Déjà, avant mon départ, les journaux commençaient à s'occuper de la chose en termes malveillants pour quelques-uns. Il ne me reste plus qu'à te dire adieu avant de reprendre mes promenades dans Cordoue.

CVI

Séville 18 avril 1863.

Après le charme infini d'un jour passé à Cordoue, Séville a produit sur moi une impression moins vive et moins poétique.

La ville est pourtant très curieuse, avec sa magnifique cathédrale que domine la Giralda étincelant aux derniers feux du soleil et le prestige de souvenirs qui l'environne. L'Alcazar qui m'offre un avant goût des merveilles de l'Alhambra, l'aspect oriental des rues, la beauté des promenades, surtout des jardins de San-Telmo appartenant au duc de Montpensier, tout cela forme un tableau qui serait charmant s'il n'y manquait un rayon de bonheur que la vue des lieux et l'éclat du ciel ne suffisent pas à produire dans le cœur attristé par un long silence.

J'ai vu l'ami Zacharie, et c'est avec un vrai plaisir que nous avons retrouvé à Séville les souvenirs de Duplessis-Mornay. Il est pour moi le guide le plus aimable, le plus complaisant que l'on puisse imaginer.

Il m'a introduit au Cercle du Commerce, véritable palais des fées où les négociants de Séville vont se reposer de leurs affaires en savourant des glaces exquises et en fumant leurs *cigarrètos* au milieu de portiques en fleurs, et de jardins dignes de ceux d'Armide.

Midi.

Je reçois enfin ta lettre du 10 qui m'est transmise de Madrid, et avec elle toutes mes tristesses sont envolées. Je pense, avec toi, que je ne dois pas trop brusquer mon retour, et que puisque j'ai tant fait que de franchir les Pyrénées et d'affronter de si grandes fatigues, il faut au moins jouir des lieux et cueillir quelques fleurs au bord du chemin. J'ai d'ailleurs une mission à remplir: celle de visiter les prisonniers de Grenade, et après mes efforts infructueux pour obtenir leur grâce à Madrid, je leur dois un témoignage de sympathie et d'affection en les visitant dans leur cachot. Je pourrai du moins me dire que je n'ai rien négligé pour accomplir le mandat qui m'était confié.

Les journaux de Madrid sont pleins de controverses sur l'objet de ma mission. Tout cela, j'espère, ne sera pas inutile à la bonne cause. Un journal important, la *Clamor publico* demande la grâce dans les termes les plus nobles et les plus éloquents.

J'ai visité avec ravissement les jardins San-Telmo, au bord du Guadalquivir. C'est une forêt admirable d'orangers. Que j'aurais voulu en détacher pour toi une belle branche couverte, à la fois, de fleurs et de fruits. Séville, c'est l'Orient avec tous ses contrastes et ses prestiges !

CVII

Grenade, 21 avril 1863.

C'est au soir d'un premier jour passé à Grenade que je t'écris, et je ne sais vraiment par où commencer le fidèle récit de mes impressions. Je quittai Séville dimanche. Le mauvais temps survenu tout à coup, la crainte de ne pas trouver de bateau partant immédiatement de Cadix pour Malaga, m'ont fait rétrograder, en voiture, jusqu'au delà de Cordoue pour prendre à Baylen le courrier de Madrid à Grenade. C'était une heureuse inspiration, malgré la fatigue de deux nuits en voiture, puisque j'ai ainsi gagné deux jours et que j'ai pu savourer à loisir, dès ce matin, l'ineffable poésie d'une ville où tout charme l'imagination et où le cœur s'associerait à tous les ravissements de l'esprit, si parmi tant de prestiges accumulés, au dehors des bosquets enchantés du

Generaliffe et de l'Alhambra, le regard ne s'arrê-
tait avec tristesse sur la prison de Matamoros.

Ma première visite a été pour lui. Le Dr Cap-
padoce sortait de la prison au moment où j'y entrais. Il m'a fait l'honneur de me demander si
j'étais *commerçant*, le parent de M. Louis Bonnet, de Francfort, en laissant percer un dépit mal
déguisé de ce que j'avais osé le devancer à Madrid.

Il paraît convaincu que sa présence va produire un effet magique dans la capitale de l'Espagne. Pour tout châtiment, je l'ai laissé à ses
illusions. Matamoros a été touché de ma visite.
C'est un homme jeune encore, d'une physionomie
expressive, d'un regard doux et fier, un véritable
confesseur des premiers temps. Ses deux compagnons de captivité, Alhama et Trigo, étaient
présents, et m'ont témoigné aussi leur reconnaissance, hélas! trop peu motivée, car j'avais une
triste nouvelle à leur annoncer. Je l'ai fait avec
ménagements et avec l'aide d'un interprète. Ils
étaient préparés à cette communication, et sont
décidés à tout souffrir pour la cause de la vérité.
La mère de Matamoros est survenue pendant
notre entretien. Ce n'est pas sans émotion que je
lui ai serré la main. Elle m'a fait une visite ce
soir. Je la reverrai sans doute demain auprès de
son fils. Il est traité (c'est justice à rendre au

gouvernement) avec égards au *Presidio,* qui cor-
respond non aux galères, mais à nos maisons de
détention. Il peut recevoir sa famille et ses amis
à toute heure du jour. Il est vrai que pour arriver jusqu'à lui, il faut traverser une haie de mal-
faiteurs de toute espèce, qui s'étonnent des
témoignages de sympathie prodigués à un de
leurs compagnons, et ils se découvrent respec-
tueusement à leur tour, sans trop savoir pourquoi, quand il passe au milieu d'eux. C'est une
représentation bien autrement expressive de la
pièce de l'*Honnête criminel,* à laquelle j'ai assisté
dans mon enfance.

Il est impossible, cependant, qu'on les retienne
longtemps en prison, parce que le triste refus
opposé à la péfition des dames de France et aux
pétitions qui se préparent en Angleterre, en Hol-
lande, va soulever un cri d'indignation dans toute
l'Europe.

Au sortir de la prison, mais le cœur triste,
comme tu peux penser, j'ai pris le chemin de
l'Alhambra que j'avais salué, au matin, sur une
des trois collines qui dominent Grenade. Te dire
le charme de cette promenade au bord du Xenil,
parmi les splendeurs d'une végétation orientale,
les fontaines jaillissantes, les parfums de lilas et
d'orangers montant dans un ciel pur que bornent
les cimes neigeuses de la Sierra Nevada. est tout

bonnement impossible. Le palais si connu, grâce à la photographie, est une de ces merveilles que l'imagination peut rêver, mais non décrire, une création féerique où l'art n'est qu'un prestige de plus, le dernier mot du génie de l'Orient sur cette terre d'Espagne, si nue et si triste partout où la trace des Arabes est effacée. En sortant de ce lieu de délices, on comprend mieux la douleur de Boabdil et la touchante tradition de « l'altimo sospiro del Mauro ». Il faut un effort pour se détacher de ces lieux charmants ; on ne les quitte que pour y revenir, comme si je ne sais quelle secrète vertu était attachée à ces ruines.

Je finis par où j'aurais dû commencer, en félicitant Clémentine d'avoir donné le jour à un garçon qui sera la joie de dame Mimi. Je la vois d'ici, penchée sur ce berceau, souriant à son petit frère, jouant à merveille le rôle d'une maman. C'est un nouvel apprentissage de la vie qui commence pour elle. A l'affection unique, et non sans péril, dont elle était l'objet, succède le régime d'une affection désormais partagée. Dis à ta sœur combien je me réjouis de la revoir, après un événement qui est un sujet de joie pour toute la famille.

CVIII

Grenade, 23 avril 1863.

Je t'adresse encore ces quelques mots de Grenade, où je suis retenu plus longtemps que je ne pensais par l'affaire de Matamoros qui a été reprise hier en cour d'appel.

Ce sera fini aujourd'hui, demain au plus tard. J'assiste aux audiences. La sentence des premiers juges sera confirmée, sinon aggravée sur la demande de l'avocat fiscal (¹).

On croit rêver en assistant, en plein dix-neuvième siècle, à un procès d'hérésie. Tous ces juges en robe noire vous font l'effet de revenants de l'Inquisition.

L'incertitude des départs de bateaux laisse toujours quelque décousu dans mes plans de retour. J'espère cependant être à Nimes à la fin du mois, quelques jours après à Paris.

Il me tarde de rentrer en France. Les lits et le pavé de l'Espagne sont exécrables; j'en ai le corps moulu et les pieds malades, malgré les enchantements de l'Alhambra.

(¹) On se souvient que les prisonniers de Grenade furent condamnés à neuf ans de prison. Leur peine fut commuée en celle du bannissement.

CIX

Alicante, 28 avril.

C'est du port d'Alicante, où nous sommes en relâche pour vingt-quatre heures, avant de reprendre notre course vers Barcelone et Marseille, que je t'adresse ces derniers mots.

Ma traversée a été jusqu'ici des plus heureuse, quoique trop lente à mon gré. La mer est magnifique et une légère agitation ne me fait pas peur. Nous reprendrons demain notre marche vers Barcelone, et nous arriverons vendredi à Marseille.

Un de mes regrets est de quitter l'Espagne sans voir Valence et sa belle *Huerta*, notre bateau ne touchant aucun point intermédiaire entre Alicante et Barcelone. Alicante est la ville la plus triste du monde, et si je n'avais quelques lettres à écrire, la journée me paraîtrait bien longue à l'hôtel où je me suis installé.

J'occupe une très jolie chambre ayant vue sur la mer. Cela console des ennuis!

Je ne saurais te dire combien je suis heureux de rentrer au logis, après avoir embrassé mon bon père. Je ne soupire qu'après le repos et l'étude, dans notre doux intérieur de Neuilly.

CX

Nimes, 4 mai 1863.

Mon voyage en Espagne devait s'achever comme il avait commencé, par des fatigues et des contrariétés inouïes. Au sortir d'Alicante nous avons été assaillis par une véritable tempête, et ballottés par une mer en furie pendant trois jours. Je ne suis arrivé que hier à Nimes! J'ai besoin de repos et malgré mon impatience de te revoir, je ne serai pas à Paris avant la fin de la semaine.

J'ai trouvé ici ta lettre qui m'en a fait regretter deux, perdues à Malaga, si elles ne reprennent le chemin de Paris. Que ne m'as-tu écrit à Grenade! Malgré les tristes impressions du Presidio, une lettre de Neuilly eut fait de mon séjour dans cette ville, quelque chose de ravissant et d'accompli.

Alicante n'est qu'un nid de vautours taillé dans les rochers calcinés par le soleil. J'ai eu toutes les peines du monde à trouver dans les environs quelque peu de verdure et cueillir quelques fleurs pour Sigismond. A ce propos, m'est avis que le fameux vin d'Alicante n'est qu'une fiction, n'ayant su découvrir, dans ce désert, que quelques maigres plants de vigne à faire à peine une bouteille. Maintenant qu'en t'écrivant je me repose, ce retour orageux ne m'apparaît plus que comme un rêve pénible, en rapport avec les mélancoliques impressions de tout le voyage, et j'aime, comme toi, à me bercer de l'espoir que mon œuvre ne sera peut-être pas inutile à un succès final, succès, hélas! bien restreint, s'il s'agit du bannissement. Il faudrait pourtant s'y résigner en disant : « mieux vaut l'exil que les galères! » et non plus répondre, comme je le fis à Madrid, dans un entretien où l'on m'avait présenté cette solution comme possible : « Je viens solliciter une grâce, non un exil. » Et ne serait-ce pas, après tout, un adoucissement de peine bien nécessaire à ce pauvre Matamoros, qui ne vivrait pas six mois aux galères.

J'ai trouvé ici la maison et la Fontaine tout en fleurs. C'est charmant, et je mêle à leurs parfums mes amitiés les plus tendres.

TABLE DES LETTRES DE JULES BONNET

—

1856

1857

1863